Diagnostizieren & Fördern

Wie Sie mit diesem Buch arbeiten

Wenn Sie gleich starten wollen: Jedes Kapitel der Kopiervorlagen zum Diagnostizieren und Fördern ist nach folgendem Prinzip aufgebaut.

1. Lernstandsermittlung und Auswertung

Die Lernstandsermittlung deckt mögliche Stärken und Probleme auf. Förderempfehlungen geben konkrete Hinweise auf Fördermöglichkeiten und -materialien.

2. Fördermaterialien

Die Fördermaterialien ermöglichen ein individuelles Erarbeiten und Üben. Durch eigenes Tun und Reflektieren wird ein tieferes Verständnis des jeweiligen Inhalts angebahnt.

3. Erfolgsüberprüfung

Eine auf die Lernstandsermittlung rückbezogene Erfolgsüberprüfung deckt auf, in welchem Maße sich Fähigkeiten weiterentwickelt haben.

Diagnostizieren und Fördern

Schülerinnen und Schüler kommen mit den unterschiedlichsten Voraussetzungen in die Schule, sodass Lehrerinnen und Lehrer sich vor der großen Herausforderung sehen, stark heterogene Lerngruppen zu unterrichten.

Daher ist es ein Kernanliegen von Schule, für jedes Kind ein individuelles Leistungsprofil zu erstellen und es entsprechend seiner Möglichkeiten zu fordern bzw. zu fördern.

Dieses Heft unterstützt Sie bei der individuellen Förderung in Ihrer Klasse. Materialien auf unterschiedlichen Anforderungsniveaus decken die individuellen Lernstände und Bedürfnisse Ihrer Schülerinnen und Schüler auf und wecken und stärken das Verständnis der Lerninhalte.

Sie sind im Unterricht, in speziellen Förderstunden oder auch zur häuslichen Übung einsetzbar.

Lernstandsermittlung und Auswertung: Schwierigkeiten erkennen und produktiv nutzen

Bei der Lernstandsermittlung geht es darum, Kompetenzen und Schwierigkeiten der Kinder zu erkennen. Dabei wird ein breites Spektrum von Einzelkompetenzen abgebildet. Die Ergebnisse der Auswertungen weisen auf mögliche Kompetenzen und Schwächen der Lernenden hin.

Durch die jeweiligen Rahmenbedingungen am Testtag (das Kind kann sich an diesem Tag schlecht konzentrieren, eine Aufgabenstellung wird missverstanden, ...) können Ergebnisse beeinflusst werden. Deshalb ist es bei Auffälligkeiten empfehlenswert, unterstützend mehrere Produkte eines Kindes, die sich auf die gleiche Kompetenzebene beziehen, zu untersuchen. Grundsätzlich gilt: Je mehr Schülerdokumente analysiert werden, desto sicherer ist die Diagnose.

Hinter den *Auswertungsanleitungen* befinden sich in den *Kommentaren* und *Förderempfehlungen* Tipps zur Problemanalyse. Diese erlauben einen genaueren Blick auf die Probleme und Auffälligkeiten und geben konkrete Hinweise auf Fördermöglichkeiten und -materialien.

Es ist empfehlenswert, bei der Auswertung des Diagnose-Materials Schwierigkeiten in einer Übersicht zu dokumentieren, sodass es später leichter ist, einen geeigneten Förderplan zusammenzustellen.

Fördermaterialien: Das verstehende Lernen initiieren

Die sich aus der Lernstandsermittlung ergebenden Förderschwerpunkte sollten mit dem einzelnen Kind besprochen werden, damit es den folgenden Lernweg reflektiert beschreiten kann.

Für jedes Kapitel gibt es verschiedene Fördermaterialien, mit deren Hilfe das *Verständnis für den jeweiligen Lerngegenstand ausgebaut werden* kann.

Je nach Ergebnis der Lernstandsermittlung wird mit einem anderen Material gearbeitet.

Die Übungen sind so konzipiert, dass sie größtenteils selbstständig von den Kindern bearbeitet werden können. Es sollte jedoch beim erstmaligen Bearbeiten überprüft werden, ob die Erklärungen bzw. Aufgabenstellungen verstanden wurden.

Die im Heft angebotenen Fördermaterialien haben *exemplarischen Charakter,* sie stellen kein vollständiges Förderprogramm dar. Um eine intensive Förderung zu gewährleisten, kann das Material durch ähnlich gestaltete Übungen ergänzt werden. Darüber hinaus befinden sich in den *Kommentaren und Förderempfehlungen* weitere Hinweise für sinnvolle Tätigkeiten im jeweiligen Zusammenhang. Die Materialien sind als Lernaufgaben, nicht als Überprüfungsaufgaben (z. B. für Klassenarbeiten) gestaltet.

Erfolgsüberprüfung: Gelerntes sichtbar machen

Am Ende des Kapitels befindet sich eine Lernfort-schrittsermittlung, die eingesetzt werden sollte, wenn die vorhandenen und ggf. weitere Fördermaterialien bearbeitet worden sind. Auf der Grundlage der Erfolgs-überprüfung kann entschieden werden, ob ein weiterer, komplexerer Übungsbereich angegangen werden sollte.

Lesen in den Klassen 3 und 4

„Lesen ist Verstehen", das ist die Definition, die den Lese-Leistungsstudien PISA und IGLU zugrunde liegt. Ohne ein inhaltliches Verständnis im Hinblick auf einen Text kann also nicht von „Lesen" gesprochen werden.

Kompetenzstufen des Lesens

Das Leseverstehen, die Fähigkeiten zur selbstständigen Texterschließung beim stillen selbstständigen Lesen, werden bei PISA und IGLU auf fünf Kompetenzstufen beschrieben. Auf der ersten Stufe geht es um Worter-kennung, auf der zweiten Stufe um das Erkennen von einfachen, direkt aus dem Text zu entnehmenden Infor-mationen. Auf der dritten Stufe müssen nicht direkt auffindbare Informationen entnommen werden. Auf der vierten Stufe müssen Zusammenhänge hergestellt und es muss eventuell auf vorhandenes Wissen zurückge-griffen werden. Auf der fünften Stufe erfolgt eine reflektierte Bewertung des Textes. Insgesamt gesehen geht es um das Verstehen, Nutzen und Bewerten von Texten. Für das lesende Kind heißt das: Was entnehme ich dem jeweiligen Text, was erfahre ich Neues (aus einem Sachtext) oder Interessantes (aus einer Erzäh-lung), d. h., was ist mein persönlicher „Nutzen" und welche Meinung habe ich im Hinblick auf diesen Text?

Sprachliche Kompetenz im Hinblick auf Texte

Betrachtet man ein vereinfachtes textlinguistisches Modell, so ist ein Text dadurch gekennzeichnet, dass er einen Anfang und ein Ende hat und dass seine Einzel-teile miteinander verknüpft sind. Durch Verknüpfungen auf verschiedenen Ebenen entsteht Kohärenz, entsteht ein Zusammenhang. Eine Person, die den Text, das schriftlich Verschlüsselte, liest, kann diesen entschlüs-seln, also verstehen.

Die Verknüpfungen in Texten liegen auf drei verschiede-nen Ebenen:

Auf der **syntaktischen Ebene,** der Satzebene, dienen unbestimmte und bestimmte Artikel sowie Pronomen und Konjunktionen der Verknüpfung. Verknüpfungen, die Kinder realisieren sollten, sind also: Artikel, Prono-men, Konjunktionen.

Auf der **semantischen Ebene**, der Ebene der Bedeutun-gen, werden Wörter aufeinander bezogen. Damit erfolgt eine Verknüpfung auf der inhaltlichen Ebene. Hier muss man Vorstellungen aktivieren, man muss Bedeutungen von Wörtern kennen, um inhaltliche Aussagen mitein-ander verknüpfen zu können. Es geht darum, inhaltli-che Anschlüsse von Satz zu Satz zu finden.

Auf der **pragmatischen Ebene,** der Ebene des sprachli-chen Handelns, geht es um den Gesamteffekt eines Tex-tes, seine Wirkung. Auch die einzelnen Teile eines Tex-tes werden miteinander verknüpft. Damit ist die Fähigkeit verbunden, auch mit den Einzelelementen eines Textes, z. B. mit Abschnitten, eine Vorstellung zu verbinden und diese Einzelelemente aufeinander zu beziehen, sie in einen Zusammenhang zu bringen. Wenn alle Verknüpfungs- und Vorstellungsleistungen erbracht sind, versteht man, was im Text mitgeteilt wurde, man kann die Wirkung eines Textes (auch bezo-gen auf die Textsorte) benennen. Man weiß, ob ein Text zur Informationsübermittlung, zum Lachen, zum Nach-denken etc. führen soll. Leseförderung und Sprachför-derung stehen also im Hinblick auf Texterschließung in einem engen Zusammenhang.

LERNSTANDSERMITTLUNG

Name: _____ Klasse: _____ Datum: _____

Sachtext

Lies den Text und beantworte die nachfolgenden Fragen.

Haben auch Tiere einen Sinn für Gerechtigkeit? Amerikanische Forscher sagen, ja. Sie haben ge-
forscht und herausgefunden, dass Menschenaffen einen Sinn für Gerechtigkeit haben. Die Tiere
protestieren, wenn unterschiedliche Belohnungen für die gleiche Aufgabe verteilt werden.
Andere Verhaltensforscher berichten, dass auch Mitgefühl bei einigen Tierarten verbreitet ist. Sie
haben beobachtet, dass ein Tier einem anderen nach einem verlorenen Kampf zum Trost die Pfote
auf die Schulter legte.
Es gibt sogar Tiere, die sich selbst erkennen. So ist es bei Elefanten. Sie können sich im Spiegel
erkennen. Eine Elefantendame riss ihr Maul vor einem Spiegel weit auf und schaute interessiert
ins Innere. Außerdem versuchte sie, mit dem Rüssel ihre Augenumgebung abzutasten.

1. Wie zeigen bestimmte Tierarten ihr Mitgefühl? _____
   A. Sie stupsen das andere Tier mit dem Kopf an.
   B. Sie legen ihre Pfote auf die Schulter des anderen Tieres.
   C. Sie legen sich neben das andere Tier.
   D. Sie gehen ein Stück mit dem anderen Tier zusammen.

2. Von welchem Tier wird behauptet, dass es sich selbst erkennen kann? _____
   A. Menschenaffe
   B. Pavian
   C. Elefant
   D. Papagei

3. Was behaupten amerikanische Forscher? _____
   A. Menschenaffen haben einen Sinn für Gerechtigkeit.
   B. Menschenaffen sind freundliche Tiere.
   C. Menschenaffen lösen gern Aufgaben.
   D. Menschenaffen wollen immer eine Belohnung.

4. Wovon handelt dieser Artikel? _____
   A. Von interessanten Tieren
   B. Von großen Tieren im Urwald
   C. Von Tieren mit besonderen Fähigkeiten
   D. Von europäischen Verhaltensforschern

5. Welche menschlichen Verhaltensweisen wurden bei Tieren beobachtet?

_____

6. Was findest du an den Erkenntnissen der Verhaltensforscher interessant?

_____

_____

1. Wie zeigen bestimmte Tierarten ihr Mitgefühl?

B. Sie legen ihre Pfote auf die Schulter des anderen Tieres.

2. Von welchem Tier wird behauptet, dass es sich selbst erkennen kann?

C. Elefant

3. Was behaupten amerikanische Forscher?

A. Menschenaffen haben einen Sinn für Gerechtigkeit.

4. Wovon handelt dieser Artikel?

C. Von Tieren mit besonderen Fähigkeiten

5. Welche menschlichen Verhaltensweisen wurden bei Tieren beobachtet?

Zum Beispiel: Ein Sinn für Gerechtigkeit, Trösten/Mitgefühl. Elefanten tasten im Spiegel ihren Kopf ab, Elefanten erkennen sich selbst.

6. Was findest du an den Erkenntnissen der Verhaltensforscher interessant?

Zum Beispiel: Dass sie von menschlichen Tieren erzählen. Dass sie sich um die Verhaltensweisen der Tiere kümmern. Dass sie die Tiere beobachtet haben.

TEXTE VERSTEHEN: SACHTEXTE

Schwierigkeiten im Hinblick auf die Texterschließung	Beispiel	Förderempfehlungen
Verknüpfungen verwenden		
Das Kind kennt kein Bedeutungsspektrum von Wörtern. Das Kind kann keine unbekannten Wörter aus dem Zusammenhang erschließen.	Menschenaffen lösen gern Aufgaben. (Aufgabe 3 falsch beantwortet)	• Fördermaterial „Schlüsselbegriff eines Textes" (Seiten 6 – 7) • Fördermaterial „Worterklärungen im Kontext finden" (Seiten 8 – 9) • Unbekannte Wörter in Texten im Kontext erklären
Einfache inhaltliche sowie Verknüpfungen durch Artikel und Pronomen realisieren		
Da Kind erkennt viele formale wie inhaltliche Verknüpfungen nicht.	Aufgabe 5 wurde nicht oder falsch beantwortet.	• Fördermaterial „Textrekonstruktion" (Seiten 10 – 12) • Individuelle Zeit für das stille selbstständige Lesen geben • In anderen Texten Verknüpfungsstellen unterstreichen
Das Kind kann einen Text vortragen, versteht aber kaum etwas von dem Inhalt.	Nach dem eigenen Textvortrag kann das Kind kaum Auskunft geben über den Inhalt des Textes.	
Alle Informationen eines Textes verbinden, Hauptaussage eines Textes finden		
Das Kind liest nicht gründlich und überprüft sein Verstehen nicht.	Von großen Tieren im Urwald (Aufgabe 4 falsch beantwortet – das Kind rät.)	• Fördermaterial „Textergänzung" (Seiten 13 – 14) • Sachtexte ohne Überschrift präsentieren und diese finden lassen
Wesentliche Aussage eines Textes finden: Texte vergleichen		
Das Kind hat Schwierigkeiten, Unterschiede und/oder Gemeinsamkeiten von zwei Texten zu finden.	Das Kind erkennt nicht, dass es sich bei zwei Texten um das gleiche Thema handelt.	• Fördermaterial „Zwei Texte zu einem Thema vergleichen " (Seiten 15 – 16) • Unterschiedliche Texte zu einem Thema suchen und mit Erklärungen präsentieren
Textabschnitte benennen und verknüpfen		
Die Aussagen in einzelnen Abschnitten werden nicht als Teilinformationen wahrgenommen.	Das Kind kann keine Aussagen zu einzelnen Textabschnitten machen.	• Fördermaterial „Textabschnitte benennen und verknüpfen" (Seiten 17 – 18) • Abschnitte eines Textes mit einem Stichwort versehen
Den Verstehensprozess reflektieren: Textteile antizipieren		
Das Kind reflektiert seinen Verstehensprozess nicht. Es ist sich kaum dessen bewusst, was es aus einem Textstück bereits erfahren hat.	Das Kind kann das bereits Gelesene kaum wiedergeben bzw. zusammenfassen.	• Fördermaterial „Über die eigene Texterwartung nachdenken" (Seiten 19 – 20) • Bei Sachtexten einen logisch passenden Schluss finden und mit dem tatsächlichen Textende vergleichen
Informationen finden, Fragen beantworten (Lesestrategien anwenden)		
Das Kind kann kaum Informationen aus einem Text entnehmen. Das Kind hat Schwierigkeiten, bestimmte Textstellen zu finden.	Das Kind gibt bei der Lernstandsermittlung viele falsche Antworten.	• Fördermaterial „Genau lesen und nachdenken: Fragen zu einem Text beantworten" (Seiten 21 – 22) • In Partnerarbeit Fragen zu einem Text stellen

Schlüsselbegriff eines Textes: Wortbedeutung im Zusammenhang

1. Du bekommst ein Wort, über das du nachdenken sollst.
Überlege, was dieses Wort bedeuten kann.

2. Suche dann dieses Wort im Text und finde heraus, welche Bedeutung es dort hat.

> *Beispiel:*
> *zu 1. Bedeutungen von „fahren"*
> *Abfahren, wegfahren, überfahren, anfahren, auffahren, sich verfahren; Fahrrad, Fahrzeug, Fahrstraße, ...*
>
> *zu 2. Das Wort „fahren" wurde im folgenden Text gesucht und unterstrichen.*
>
> Vorsicht, Kröten!
> Im Frühling machen sich Kröten, Frösche und Lurche auf den Weg zu den Teichen oder Seen, in denen sie geboren wurden. Sie wollen dort ihre Eier ablegen. Sie leben aber längst woanders und müssen oft eine Straße überqueren, um zu ihrem Heimatteich zurückzukommen.
> Das ist gefährlich, denn sie können leicht <u>überfahren</u> werden.
> Deshalb gibt es an machen Straßen kleine Zäune, über die die Tiere nicht drüberhüpfen können. Naturschützer sammeln die Tiere dort ein und tragen sie in Eimern über die Straße.
>
> *Bedeutung des Wortes „fahren" im Text:*
> In diesem Text steht „fahren" in der Bedeutung von „überfahren". Der Weg zum Heimatteich ist für Kröten, Frösche und Lurche gefährlich, weil sie auf den Straßen leicht von Autos überrollt werden könnten.

Text 1

Welche Bedeutungen von *passen* kennst du? Unterstreiche.
Kleidung passt, Schuhe passen, aufpassen, anpassen

Lies den Text unten. Welche Bedeutung von *passen* kommt in diesem Text vor?

_____

_____

_____

> Das Chamäleon – ein interessantes Tier
>
> Wenn man im Zoo ein Chamäleon sieht, kann man etwas sehr Interessantes beobachten. Das Tier verändert seine Farbe: von Grün über Gelb und Rot zu Schwarz und Blau. Das männliche Chamäleon will mit auffälligen Farben auf sich aufmerksam machen, wenn es um ein Weibchen wirbt. Manchmal wechselt ein Chamäleon aber die Farbe, um sich seiner Umgebung anzupassen und nicht aufzufallen. So nimmt es ein anderes Aussehen an, abhängig von der Temperatur, der Tageszeit oder dem Lichteinfall.

Text 2

Was fällt dir zum Wort *wechseln* ein?

_____

Lies den Text und unterstreiche das Wort *wechseln*.

Welches *wechseln* ist hier gemeint? _____

Chamäleons auf Madagaskar

Das kleinste Chamäleon der Welt wurde von Forschern auf Madagaskar entdeckt. Madagaskar ist eine afrikanische Insel im Indischen Ozean. Dort gibt es besonders viele Chamäleons. Dieses winzige Chamäleon ist nur 16 Millimeter lang, es misst also keine zwei Zentimeter. Mit Schwanz kann es bis zu 29 Millimeter lang werden. Es lebt im trockenen Laub und ist braun. Es kann nicht wie alle anderen Chamäleons seine Farbe wechseln.
Auch das größte Chamäleon, das 70 Zentimeter lang wird, lebt auf Madagaskar. Es lebt in den Regenwäldern und kann seine Farbe wechseln. Es kann sie an die Umgebung anpassen.

Text 3

Welche Wörter mit *stehen* kennst du?

_____

Lies den folgenden Text und finde heraus, welches Wort aus deiner Wortsammlung *stehen* darin vorkommt. Unterstreiche es.

Schimpfwörter

Wenn wir sauer sind, wenn wir streiten, benutzen wir manchmal auch Schimpfwörter. Das können witzige sein wie „Du Pappnase!" oder auch nicht so schöne, richtig gemeine.
Wenn Menschen Wut haben, so möchten sie das oft durch Worte ausdrücken.
Wo kommen Schimpfwörter her? Wie entstehen Schimpfwörter? Schimpfwörter sind häufig in bestimmten Gegenden entstanden. So wurden auf dem Land oft Tiernamen als Schimpfwörter benutzt. Manchmal erfinden Menschen ein Schimpfwort auch in einer bestimmten Situation. Dieses Schimpfwort beschreibt dann ein Merkmal desjenigen, der beschimpft wird.

Zusatzaufgaben:
Was haben Schimpfwörter mit Tiernamen zu tun?

_____

_____

Finde im Text ein Wort, das mindestens zwei ganz unterschiedliche Bedeutungen hat.

_____

Worterklärungen im Kontext finden

> Manchmal versteht man ein Wort in einem Text nicht, man kennt es nicht. Wenn man im Text davor und dahinter nachschaut, wovon die Rede ist, findet man oft heraus, was das unbekannte Wort bedeutet.
> Man kann einen Text auch verstehen, wenn man nicht jedes Wort darin kennt.
>
> **Beispiel:**
> Manche Essig- und Ölflaschen sind mit einem Korken verschlossen. Wo kommt der Kork für den Korken her? Kork wird aus der Rinde der Korkeiche **gewonnen.** Korkeichen gibt es vor allem in Portugal und Italien.
>
> Du kennst das Wort „gewinnen" im Zusammenhang mit einem Spiel. Hier ist „gewinnen" offensichtlich anders gemeint. Wenn Kork aus der Rinde eines Baumes stammt, so meint „gewinnen" hier so viel wie „genommen". Die Rinde der Korkeiche wird genutzt, um Korken herzustellen.

1. Lies den Text und betrachte das Wort *bestimmen* im Zusammenhang.

> Das Alter eines Baumes erkennen
>
> Es ist gar nicht so schwierig, das Alter eines Baumes herauszufinden. Zumindest dann nicht, wenn ein Baum gefällt ist. Man sieht auf der Baumscheibe vom Außenrand nach innen so etwas wie Ringe. Das sind Jahresringe, denn im Frühjahr, wenn der Baum wächst, bildet er einen hellen Ring. Im Herbst entsteht ein dunkler Ring. Wenn man beide Ringe betrachtet und richtig zählt, dann kann man das Alter eines Baumes bestimmen.

Was bedeutet das Wort *bestimmen* in diesem Zusammenhang? _____

A. sagen, was gemacht wird
B. herausfinden
C. recht haben

Zusatzaufgabe: Hast du schon einmal Baumscheiben mit Jahresringen gesehen? Berichte.

_____

_____

_____

_____

_____

_____

2. Lies den Text und betrachte das Wort *aufgespürt* im Zusammenhang.

Bäume werden alt

Manchmal sehen wir einen dicken alten Baum mit einer Informationstafel und darauf die Altersangabe. Zumeist ist das eine Eiche, denn Eichen werden bis zu tausend Jahre alt. Bisher galten die Grannenkiefern, die in den USA wachsen, als älteste Bäume. Forscher in Schweden haben allerdings eine Tanne aufgespürt, die mehr als 9 500 Jahre alt sein soll. Die Grannenkiefern werden nur halb so alt.

Was ist mit *aufgespürt* gemeint?

_____

_____

3. Lies den Text und betrachte das Wort *gleiten* im Zusammenhang, im Kontext.

Von der Natur abgeguckt

Aus dem Löwenzahn wird nach dem Blühen eine Pusteblume. Das hat einen besonderen Grund. Wenn man pustet, gleiten die kleinen Härchen wie Fallschirme durch die Luft. Auch wenn der Wind bläst, segeln die Härchen mit den Samen durch die Luft und landen irgendwo auf der Erde. Dort können die Samen dann wieder zu neuen Löwenzahnblumen heranwachsen.

Was ist mit *gleiten* gemeint?

_____

_____

4. Lies den Text und betrachte das Wort *gestoßen* im Zusammenhang, im Kontext.

Die größte Blüte

Die Pflanze mit den größten Blüten wächst im Dschungel von Südostasien. Forscher sind dort auf eine orange-braun und weiß gefleckte Lilie gestoßen. Ihre Blüte hat manchmal einen Durchmesser von 91 cm. Ein einziges Blütenblatt kann bis zu elf Kilogramm wiegen. Das ist etwa so schwer wie ein Eimer Wasser.

Was ist hier mit *gestoßen* gemeint?

_____

_____

_____

Textrekonstruktion:

Textteile richtig zusammensetzen, einen Text wiederherstellen

Die einzelnen Sätze eines Textes, seine Einzelteile, sind miteinander verknüpft.

- *Verknüpfungen* gibt es *durch unbestimmte und bestimmte Artikel* (**ein** Affe, **der** Affe), *durch Pronomen* (**ein** Tausendfüßler, **er**), *Nomen und Konjunktionen* (dann, und, obwohl, weil …). Sie sind im Beispiel **fett** gedruckt.
- Dazu kommen die *inhaltlichen Verknüpfungen* durch bestimmte Wörter (*viele* Affenarten – *einige* Affenarten, *Bäume – klettern*). Diese sind im Beispiel *kursiv* gedruckt. Wenn du diese Verknüpfungsstellen herausfindest, kannst du die Sätze in die richtige Reihenfolge bringen.

Beispiel: Die nebenstehenden Sätze sollen wieder richtig zu einem Text zusammengesetzt werden. Dazu werden die einzelnen Sätze oder Teile ausgeschnitten und zuerst probeweise wieder neu zusammengelegt. Nach der Überprüfung, ob der Text so stimmen kann, entscheidet man, ob noch mal neu sortiert werden muss.	Affennamen
	Beide, sowohl **das** Pinseläffchen als auch **der** Nasenaffe, leben auf *Bäumen* im Urwald.
	Einige haben lustige *Namen*.
	Ein Pinseläffchen hat *Ohren,* die wie kleine *Pinsel* aussehen, und ist etwa *27 cm* lang.
	Es gibt sehr *viele verschiedene Affenarten.*
	Der *Name* bezieht sich meist auf das *Aussehen.*
	Ein Nasenaffe sieht ganz anders aus: Er ist viel *größer,* er misst etwa 72 cm und hat eine auffällige große *Nase.*
	Deshalb können **sie** sehr gut *klettern.*

Überlegungen	**So ist der Text richtig zusammengesetzt:**
Beginne mit der Überschrift	Affennamen
Der Anfang fängt allgemein an: „Es gibt …"	Es gibt sehr *viele verschiedene Affenarten.*
Dann folgt die Beschreibung von „*einigen* Affenarten" und ihren *Namen*.	*Einige* haben lustige *Namen*.
Nach „Namen" schließt „**Der** Name" an.	**Der** *Name* bezieht sich meist auf das *Aussehen.*
Auf das *Aussehen* bezogen ist von *Ohren* die Rede.	**Ein Pinseläffchen** hat *Ohren,* die wie kleine *Pinsel* aussehen, und ist etwa *27 cm* lang.
Der Nasenaffe sieht *anders* aus und ist *größer,* also muss dieser Satz nach dem von dem Pinseläffchen kommen.	**Ein Nasenaffe** sieht ganz anders aus: Er ist viel *größer,* er misst etwa 72 cm und hat eine auffällige große *Nase.*
„Beide …" kann erst kommen, wenn beide schon erwähnt wurden. Und nach „**ein** Pinseläffchen" und „**ein** Nasenaffe" folgt „**das** Pinseläffchen" und „**der** Nasenaffe".	**Beide,** sowohl **das** Pinseläffchen als auch **der** Nasenaffe, leben auf *Bäumen* im Urwald.
Weil beide gemeint sind, folgt am Ende „**sie**" und das *Klettern* passt zu den *Bäumen.*	**Deshalb** können **sie** sehr gut *klettern.*

TEXTE VERSTEHEN: SACHTEXTE

1. Schneide die Textteile aus und bringe sie in die richtige Reihenfolge.
Überprüfe deine Lösung und unterstreiche die Verknüpfungsstellen.

So können sie beispielsweise Futter, das außerhalb ihres Käfigs liegt, mit einem Stöckchen heranholen.

Beim Beobachten stellen wir dann fest, dass sie ganz schön klug sind.

Im Zoo

Als Futter mögen Affen alle Früchte, die im Urwald wachsen, und bei uns vor allen Dingen Bananen.

Wenn wir in den Zoo gehen, beobachten wir gern die Affen.

2. Schneide die Textteile aus und bringe sie in die richtige Reihenfolge.
Überprüfe deine Lösung und unterstreiche die Verknüpfungsstellen.
(Wenn du Hilfe brauchst, schneide erst die Textteile auf Seite 12 aus.)

Mückenschutz bei Affen

Und dem Tausendfüßler hat das am Ende nicht geschadet, denn er wird wieder freigelassen.

Sie fühlen sich genervt von den Moskitos, den Mücken im Regenwald.

Im Regenwald von Südamerika lebt eine besondere Affenart, die Kapuzineraffen.

Die Kapuzineraffen haben einen Trick entdeckt, wie sie sich vor den Moskitos schützen können.

Der Tausendfüßler scheidet dann ein Insektengift aus.

Der Trick besteht darin, dass sie einen bestimmten großen Tausendfüßler nehmen und diesen kräftig drücken.

Dann gehen keine Moskitos mehr an die Affen dran.

Das Gift vermischen die Affen mit ihrer Spucke und reiben damit ihr Fell ein.

Hilfekarten zu Aufgabe 2

Bei diesen Textteilen helfen dir die hervorgehobenen Stellen beim richtigen Zusammensetzen. Nach dem unbestimmten Artikel kommt der bestimmte Artikel als Verknüpfung, nach dem Nomen das Pronomen (fett gedruckt).
Am Textanfang wird z. B. auf einen Ort hingewiesen.
Inhaltliche Verknüpfungen sind kursiv gedruckt.

Finde zuerst zwei zusammengehörige Sätze und dann nach und nach die gesamte Reihenfolge. Wenn du es geschafft hast, lege diese Karten zur Seite und versuche es noch einmal mit den anderen von Aufgabe 2.

Mückenschutz bei *Affen*

Und dem Tausendfüßler hat das *am Ende* nicht geschadet, denn er wird wieder freigelassen.

Sie fühlen sich genervt von den Moskitos, den Mücken *im Regenwald*.

Im Regenwald von Südamerika lebt eine besondere *Affenart,* die Kapuzineraffen.

Die Kapuzineraffen haben **einen Trick** entdeckt, wie sie sich *vor den Moskitos schützen* können.

Der Tausendfüßler scheidet dann **ein Insektengift** aus.

Der Trick besteht darin, dass sie **einen** bestimmten großen Tausendfüßler nehmen und diesen kräftig drücken.

Dann gehen *keine Moskitos* mehr an die Affen dran.

Das Gift vermischen die Affen mit ihrer Spucke und *reiben* damit ihr Fell *ein*.

Textergänzung: ein fehlendes Wort im Text herausfinden

Lies den Text und ergänze das fehlende Wort.

Wenn du dem Text alle Informationen entnommen hast,
wenn du alle Hinweise zusammen betrachtest,
wenn du über den Text nachdenkst,
dann findest du heraus, welches Wort ergänzt werden muss.

Beispiel:
Papageien im Park

In manchen Parks sieht man bei uns kräftig bunte Vögel, echte Papageien. Oft sind dies leuchtend hellgrüne Halsbandsittiche. Diese Vögel sind wohl mal aus einem Zoo oder aus einem Käfig herausgekommen und weggeflogen. Obwohl es bei uns viel kälter ist als in ihrer Heimat in Afrika oder Asien, haben sie hier tatsächlich überlebt.
Man weiß noch nicht, ob diese exotischen Vögel unseren einheimischen Vögeln _____ können.

So könntest du überlegen:
Die Papageien sind ursprünglich nicht in unserer Gegend heimisch. Sie sind oft größer als unsere einheimischen Vögel. Außerdem müssen sie auch nach Futter suchen. Also ist die Frage, ob sie auf irgendeine Art unseren einheimischen Vögeln **schaden** können.

1. Lies die folgenden Texte und setze jeweils das fehlende Wort ein.

Vogelkonzert

Im Frühling ist es am frühen Morgen manchmal richtig laut. Dann hört man alle Vögel, die bei uns überwintert haben. Der Zaunkönig zwitschert oft besonders laut.
Nur die männlichen Vögel singen und trommeln gleich nach dem Aufwachen. Sie wollen damit ihr Revier abstecken und die Weibchen beeindrucken. Die Weibchen werden von dem angelockt, der am schönsten und lautesten singt.
Neugeborene Vögel, Jungtiere, gibt es erst ein paar Wochen _____.

Jungtiere

Zebus sind Hausrinder. Sie kommen aus dem Kaukasusgebirge. Zeburinder sind schwarz.

Wenn ein Tier geboren wird, ist es hellbraun. Schwarz wird es erst, wenn es

_____ wird.

Der Muntjak

In Asien lebt in freier Natur ein sehr kleiner Hirsch, der Muntjak. Ein ausgewachsener Muntjak ist ungefähr so groß wie ein Cockerspaniel.
Obwohl Muntjaks so klein sind, haben sie eine sehr lange Zunge. Und die können sie ausgezeichnet bewegen. Schon ein ganz kleiner Muntjakhirsch kann die Zunge so weit herausstrecken, dass er

damit sein ganzes Gesicht _____ kann.

Heidschnucken

Eine besondere Art von Schafen sind die Heidschnucken. Es gibt sie vor allem in der Lüneburger Heide, im Norden von Deutschland. Wenn Heidschnucken geboren werden, sind sie schwarz. Später bekommen sie ein zotteliges beigefarbenes Fell. In diesem Jahr wurde zum ersten Mal ein weißes

Lamm geboren. _____ weiß, warum.

Regenwürmer im Winter

Oft sieht man im Frühling oder Sommer nach einem Regenguss im Garten oder im Park viele Regenwürmer. Im Winter sieht man sie nicht, auch nicht, wenn es regnet.
Im Herbst graben sich die Regenwürmer tief in den Boden ein, und zwar so tief, dass der Frost nicht bis dorthin kommt. Sie bauen eine Art Wohnhöhle und rollen sich eng zusammen. So bleibt ihre Körperoberfläche ziemlich klein und sie bewegen sich nicht, sie sind ganz starr. Auf diese Weise können sie die Kälte gut überstehen. Sie verlieren über den Winter die Hälfte ihres Gewichts. Im Frühling merken sie, dass die Erde _____ wird, und sie kommen wieder an die Oberfläche.

Zusatzaufgabe: Finde heraus, wie Frösche im Teich überwintern.

_____

_____

_____

_____

_____

_____

_____

_____

Zwei Texte zu einem Thema vergleichen

Wenn du zwei Texte zum gleichen Thema liest, erkennst du manchmal schneller, worum es geht. Du kannst auch die Textsorten unterscheiden, und die Aussagen werden deutlich. Beim Textvergleich achtest du auf die Gemeinsamkeiten und die Unterschiede.

Beispiel:
Text 1: Der Schildkrötenpanzer
Der Panzer einer Schildkröte besteht aus Knochenplatten, die aus der Wirbelsäule und den Rippen entstanden sind. Da bei der Schildkröte, wie bei uns Menschen, die Knochenplatten von Fleisch umgeben sind, kann das Tier mit seinem Panzer fühlen. Der Panzer bleibt während des ganzen Lebens, wird aber größer, wenn die Schildkröte wächst.

Text 2: Schildkröten im Teich
Im Teich des Botanischen Gartens in Bonn kann man viele kleine und große Schildkröten entdecken. Es sind Rotwangen-Schmuckschildkröten, deren Heimat Nordamerika ist. Sie sind von Menschen ausgesetzt worden. Man sollte Schildkröten, die man als Haustiere halten wollte, nicht einfach aussetzen, denn sie verdrängen die europäischen Sumpfschildkröten und stören damit das biologische Gleichgewicht.

Vergleich der beiden Texte: Was ist gleich, was ist anders?
Beide Texte handeln von Schildkröten. Im ersten Text wird über den Panzer informiert, im zweiten Text über Schildkröten, die ausgesetzt wurden, und es wird dazu aufgerufen, keine Haustiere auszusetzen.

1. Lies beide Texte und vergleiche sie.

Wie wurde die Katze zum Haustier?

Seit mehr als 4 000 Jahren gibt es die Katze als Haustier. Damals stellten die Menschen in Ägypten fest, dass sie ein sehr nützliches Tier ist, denn sie kann Mäuse fangen. Damit konnte die Getreideernte gesichert werden. Die Katze wurde im alten Ägypten deshalb sogar als Gottheit verehrt.

Mohrle wird gesucht

Tina kam nach Hause und wollte ihre Katze begrüßen. Aber Mohrle war nicht da. Tina suchte überall nach ihr. Sie guckte in der Wohnung in alle Ecken, sie ging in den Garten. Nirgendwo war Mohrle zu finden. Da hörte Tina ein gedämpftes Maunzen. Mohrle hatte sich offenbar heimlich in einen Schrank geschlichen und auf die kuschelweichen Handtücher gelegt!

Was haben beide Texte gemeinsam?
Welcher Text ist ein Sachtext, welcher ein Erzähltext?

_____

_____

_____

2. Lies beide Texte und vergleiche sie.

Wasser auf der Erde

Die Erde besteht zum größten Teil aus Wasser. Das sind fast drei Teile unseres Planeten.

Der größte Teil davon ist allerdings Salzwasser, das wir nicht trinken können. Salzwasser zu trinken ist gefährlich, denn es trocknet den Körper von innen aus. Es nützt einem also auf dem Meer nichts, dass man von Wasser umgeben ist.

Nur das Wasser aus Flüssen, Teichen und Seen und das Wasser aus dem Boden, das Grundwasser, können wir trinken. Dieses Wasser wird Süßwasser genannt. In gefrorener Form gibt es dieses Süßwasser auch als Polareis und in Gletschern.

Als Trinkwasser steht den Menschen nur ein Prozent des gesamten Wassers zur Verfügung, die anderen 99 Prozent sind Salzwasser, Meerwasser.

Süßwasser

Der Name Süßwasser lässt einen denken, dass dieses Wasser süß schmeckt. Wir wissen jedoch alle, dass unser Trinkwasser zwar Süßwasser genannt wird, aber überhaupt nicht süß schmeckt. Es enthält sogar ein ganz klein wenig Salz, aber viel, viel weniger als Meerwasser. Eigentlich müsste unser Trinkwasser also „nicht nach Salz schmeckend" heißen.

Wo kommt dann die Bezeichnung Süßwasser her? Vor etwa 150 Jahren haben deutsche Fischer den Begriff erfunden, weil sie die Fischer unterscheiden wollten, die in Flüssen und Seen fischten, und die, die im Meer fischten. Weil Flusswasser nicht salzig schmeckte, nannten sie es Süßwasser. Und diesen Begriff benutzen wir bis heute, auch wenn unser Trinkwasser überhaupt nicht süß schmeckt.

Was haben beide Texte gemeinsam? Was ist verschieden?
Überlege bei jedem Text: Ist es ein Sachtext, ein Erzähltext, ein Aufruf?
Wie passen beide Texte zusammen?

3. Lies den folgenden Text.

Im „laufenden" Bus zur Schule

Viele Kinder werden von ihren Eltern mit dem Auto zur Schule gebracht. Manche Kinder würden auch gern allein zur Schule gehen, aber oft ist das zu gefährlich. Deshalb gibt es in einigen Städten das Projekt „Laufender Bus". Es gibt eine Art Fahrplan wie bei einem Schulbus und bestimmte Stellen, wo Kinder wie an Haltestellen dazukommen. Die Kinder, die mitmachen, freuen sich, wenn sie zusammen mit ihren Freundinnen und Freunden zur Schule gehen können.

Was erfährst du aus dem Text?
Schreibe einen Erzähltext, einen Erlebnistext, über deinen Schulweg auf einem Extra-Blatt.

Textabschnitte benennen und verknüpfen

Wenn man einen Text liest, muss man auch die einzelnen Abschnitte miteinander in Verbindung bringen, man muss sie in Gedanken verknüpfen. Dabei kann es hilfreich sein, die einzelnen Abschnitte mit Stichworten zu benennen.

Beispiel:
Pinguine im Wasser
Pinguine haben Flügel mit kleinen, kurzen Federn. Sie können allerdings damit nicht fliegen, jedenfalls nicht in der Luft. Sie brauchen diese Flügel zum Abtauchen, sie fliegen damit durchs Wasser.
Wenn Pinguine unter dem Eis jagen, schlagen sie ihre Flügel schnell auf und ab. So flitzen sie blitzschnell durchs Wasser.
Pinguine könnten gar nicht durch die Luft fliegen, weil sie dafür zu schwer sind. Sie haben eine dicke Fettschicht, die sie brauchen, um sich warm zu halten.

Überschriften für die drei Abschnitte:
Pinguine haben Flügel zum Abtauchen
Pinguine jagen unter Wasser
Pinguine sind zu schwer zum Fliegen in der Luft

1. Lies den Text und ordne jedem Abschnitt eine passende Überschrift zu.
Kreuze jeweils A, B oder C an.

Wie entstehen Stürme?
Bevor man sich mit der Entstehung von Stürmen befasst, muss man überlegen, was denn eigentlich Wind ist. Wenn man es ganz genau betrachtet, dann ist Wind bewegte Luft, die entweichen will, die weg will. Das merkt man zum Beispiel, wenn man aus einem aufgeblasenen Luftballon die Luft herauslässt. Es entsteht eine Strömung aus dem Ballon heraus, weil Luft sich immer vom hohen zum niedrigen Druck bewegt.

A. Wind ist langsam.
B. Wind ist schnell.
C. Wind ist bewegte Luft.

Wind kann man nicht sehen und nicht anfassen, aber man kann ihn messen. Es gibt ein Gerät, mit dem man die Windgeschwindigkeit messen kann. Dieses Gerät wird bei der Wetterbeobachtung eingesetzt. Auf einer Skala wird der Wind in verschiedene Stärken eingeteilt. Das geht von Stufe 1 bis Stufe 12. Auf Stufe 12 hat der Wind eine Geschwindigkeit von 120 km pro Stunde. Wenn der Wind so schnell ist, werden Häuser und Bäume weggefegt und ganze Landschaften von Sturmfluten und Regen überrollt.

A. Der Wind ist interessant.
B. Die Windgeschwindigkeit kann man messen.
C. Die Wetterbeobachtung ist wichtig.

Starke Stürme werden unterschiedlich bezeichnet, zum Beispiel als „Hurrikan", „Tornado", „Zyklon" oder „Taifun". Gemeinsam ist allen Stürmen, dass sie mindestens eine Stärke von 120 km pro Stunde haben. Manche können aber bis zu 250 km pro Stunde schnell werden. Die Bezeichnung für einen Sturm hängt davon ab, wo dieser auftritt. Wirbelstürme im Pazifikraum und in den USA werden als „Hurrikane" bezeichnet, in Asien heißen sie „Taifune", in Indien „Zyklone". Kleinere „Tornados" gab es auch schon in Deutschland.

A. Wirbelstürme werden unterschiedlich benannt.
B. Stürme sind gefährlich.
C. Wirbelstürme gibt es nur in den USA.

Die Wetterdienste geben jedem einzelnen tropischen Sturm einen eigenen Namen, immer abwechselnd einen männlichen und einen weiblichen Vornamen. So hieß beispielsweise der Tropensturm, der in Amerika gewütet hat, Hurrikan Katrina.

A. Alle Tropenstürme bekommen Familiennamen.
B. Tropenstürme bekommen abwechselnd männliche und weibliche Vornamen.
C. Tropenstürme brauchen keine Extra-Namen.

Für die Entstehung eines tropischen Wirbelsturms gibt es einige Voraussetzungen: Es muss eine warme Meeresoberfläche mit mindestens 27 Grad warmem Wasser vorhanden sein. Es muss mehrere Gewitter auf einmal geben können und die Winde am Boden, die sozusagen parallel zum Boden wehen, müssen stärker sein als der Höhenwind. Die feuchte, warme Luft steigt auf und es bilden sich dicke Gewitterwolken. Damit fehlt am Boden Luft und der Luftdruck fällt. Dieser Druckunterschied wird dadurch ausgeglichen, dass Luft von außen heranströmt, die wiederum aufsteigt. Durch die Erdumdrehung dreht sich das ganze System und der Luftstrom dreht sich um die Mitte herum. In der Mitte ist es dann absolut windstill. Dies ist das sogenannte windstille Auge eines Hurrikans, um das herum ein großer Wirbel entsteht, der über mehrere Tage anhalten kann und sich dann auflöst.
Durch die Wetterbeobachtung weiß man, ob sich der Wirbelsturm auf dem Meer befindet oder sich auf das Land zu bewegt und für Küstenorte gefährlich werden kann.

A. Im Auge eines Hurrikans ist es stürmisch.
B. Ein Hurrikan hat eine windstille Mitte.
C. Jedes Gewitter erzeugt einen Hurrikan.

Über die eigene Texterwartung nachdenken

Wenn du eine Vermutung darüber anstellst, wie ein Text weitergeht, kannst du deine eigene Fortsetzungsidee anschließend mit der echten Fortsetzung vergleichen.

Beispiel:
Kolibris

Kolibris sind besonders kleine Vögel, die nur in Amerika vorkommen. Sie sind leuchtend bunt und saugen mit ihrem Schnabel den Nektar aus Blüten. Ihr Schnabel ist ziemlich lang. Sie tauchen ihn in die Blüte ein und nehmen den süßen Saft mit der Zunge auf. Währenddessen setzen sie sich nicht auf die Blüte, sondern stehen sozusagen in der Luft wie ein Hubschrauber. Dabei können manche Kolibris mehr als 80-mal in der Sekunde mit den Flügeln schlagen! Also in der Zeit, in der du …

Was kannst du aus dem Text erfahren?
Kolibris sammeln Nektar aus Blüten, setzen sich aber nicht auf die Blüten, sondern halten sich in der Luft durch schnelles Schlagen mit den Flügeln.

Wie könnte der Text weitergehen?
Es könnte ein Beispiel folgen, damit man sich das schnelle Flügelschlagen vorstellen kann.

So geht es im Text tatsächlich weiter:
Also in der Zeit, in der du im normalen Tempo bis eins gezählt hast.

1. Lies den Text.

Die Wanderung der Sonne

Am Morgen geht die Sonne auf, am Abend geht sie unter. Aber wo geht sie auf und wo geht sie unter? Die Sonne wandert im Laufe des Tages: Morgens sehen wir sie im Osten, mittags im Süden und am Abend im Westen. Es ist allerdings nicht die Sonne, die um die Erde wandert, sondern es ist die Erde, die sich um die Sonne dreht und auch um die eigene Achse.
Von der Erde aus betrachtet, ….

a) Was hast du aus dem Text erfahren?

_____

b) Wie könnte der Text weitergehen?

_____

c) Vergleiche deine Vermutung mit dem tatsächlichen Ende des Textes.
… entsteht allerdings der Eindruck, dass die Sonne wandert.

_____

Hast du mit deiner Vermutung recht gehabt?

_____

2. Lies den Text.

> **Die Erde ist rund**
>
> Die Menschen glaubten lange Zeit, die Erde sei eine Scheibe. Sie hatten deshalb Angst, dass man von dieser Scheibe, von ihrem Rand, herunterfällt, wenn man mit einem Schiff immer geradeaus fährt. Es gab allerdings Entdeckungsreisende wie Fernando Magellan und Juan Sebastian Elcano, die vor 500 Jahren bewiesen haben, dass diese Annahme nicht stimmt.
> Sie umsegelten die Erde und ...

a) Was hast du aus dem Text erfahren?

_____

b) Wie könnte der Text weitergehen?

_____

c) Vergleiche deine Vermutung mit dem tatsächlichen Ende des Textes.
... und kamen an dem Ort wieder an, an dem sie gestartet waren – ohne an irgendeiner Stelle über den Rand zu fallen.

_____

Hast du mit deiner Vermutung recht gehabt?

3. Lies den Text.

> **Die Sonne**
>
> Ohne die Sonne wäre es dunkel und eiskalt auf der Erde. Pflanzen, Tiere und Menschen brauchen die Sonne zum Leben. Wir brauchen das Licht der Sonne und ihre Wärme zum Überleben.
> Die Sonne funktioniert für unseren Planeten wie eine riesige Heizung.
> Und da die Erde sich im Kreis dreht, ...

a) Was hast du aus dem Text erfahren?

_____

b) Wie könnte der Text weitergehen?

_____

c) Vergleiche deine Vermutung mit dem tatsächlichen Ende des Textes.
..., wird es überall dort warm, wo gerade Tag ist, denn dann scheint die Sonne und wärmt.

_____

Hast du mit deiner Vermutung recht gehabt?

Genau lesen und nachdenken: Fragen zu einem Text beantworten

Die römische Wasserleitung für Köln

Vor fast 2 000 Jahren waren die Römer am Rhein. Eine römische Siedlung, ein Kastell, gab es auch in Köln. Damals wurde eine Wasserleitung von der Eifel bis nach Köln gebaut. Das war hochkompliziert, denn diese Wasserleitung musste immer abwärts führen, sonst konnte das Wasser nicht
5 fließen.
Dabei musste man über Berge und durch die Täler. Die Wasserleitung wurde über die Täler geführt, und zwar mithilfe von steinernen Brücken, die Aquädukte. Rund 100 Kilometer war die ganze Strecke lang. Die Leitung wurde aus Stein gebaut. Die rohrähnlichen Kanäle waren etwa einen Meter hoch.
10 Einige Teile dieser frühen Wasserleitung sind noch heute zu besichtigen. In einigen Wäldern der Eifel wurden Reste der Leitung entdeckt, oft überwuchert von Sträuchern und Bäumen.
In der Eifel gibt es einen Wanderweg, der am Römerkanal entlangführt. Wenn man auf diesem Weg wandert, kann man einzelne, ganz gut erhaltene Teilstücke des alten Kanals sehen. Dann wundert man sich schon, dass die Römer vor so langer Zeit in der Lage waren, ihr Trinkwasser von so weit
15 her in Leitungen bis in ihre Stadt, nach Köln, zu leiten. Das Wissen, wie man so etwas macht, ging später wieder verloren.

1. Manche Fragen kann man direkt aus dem Text beantworten.
Wenn du genau liest, kannst du die Antwort schnell finden.

Beispiel: Wann waren die Römer am Rhein?   __B__   Zeile 2

A. Vor 100 Jahren
B. Vor fast 2 000 Jahren
C. Vor ein paar hundert Jahren

Im Text steht in Zeile 2: vor fast 2 000 Jahren.

Wie lang war die römische Wasserleitung?   _____ Zeile _____

A. 1 000 km
B. 10 km
C. 100 km

2. Bei manchen Fragen musst du in Gedanken verbinden, was im Text steht.

Beispiel: Warum war es schwierig, Berge und Täler zu überwinden?
Wasser fließt nur bergab. Darauf musste man beim Bau des Kanals achten.

Warum kann man heute noch Teile des Kanals sehen?   _____ Zeile _____

A. Die römische Wasserleitung ist so schön.
B. Die römische Wasserleitung ist interessant.
C. Die römische Wasserleitung wurde aus Stein gebaut und blieb erhalten.
D. Die römische Wasserleitung wurde nicht beachtet.

3. Manchmal musst du aufpassen und beachten, wer gemeint ist.
   Beispiel: Wer ist in Zeile 14 mit „ihr" gemeint? (Von wessen Trinkwasser ist die Rede?) _____

   A. die Besucher
   B. die Eifelbewohner
   C. die Wanderer
   D. die Römer

   In Zeile 15 steht „ihre Stadt". Wessen Stadt ist gemeint? _____

   A. die Stadt der Kölner
   B. die Stadt der Eifler
   C. die Stadt der Römer
   D. die Stadt der Reisenden

4. Manchmal musst du dir eine Situation vorstellen und nachdenken, um eine Frage richtig beantworten zu können.

   Beispiel: *Wie schafften es die Römer, ein Tal zu überwinden?*
   Sie bauten steinerne Brücken. Zeile 7

   Wo konnte man Überreste des Kanals finden?

   _____ Zeile _____

5. Um die Kernaussage eines Textes zu erkennen, musst du über den ganzen Text nachdenken.
   Dabei musst du die Überschrift einbeziehen.
   In diesem Text wird eine besondere Leistung der Römer beschrieben.

   Jetzt kannst du sicherlich die Frage nach der Absicht des Autors beantworten.

   Was ist die Kernaussage? _____

   A. Der Autor hat über eine ganz besondere technische Errungenschaft der Römer informiert.
   B. Der Autor hat eine interessante Geschichte über Köln geschrieben.
   C. Der Autor trinkt gern Wasser und hat darüber geschrieben.
   D. Der Autor wandert gern in der Eifel.

6. Wenn du deine Meinung zu einem Text formulieren willst, musst du entscheiden, ob dir der Text gefällt oder nicht. Diese Entscheidung musst du dann begründen.
   Beispiel: *Ich finde den Text interessant, weil …*

   Schreibe deine Meinung:

   _____

   _____

   _____

Name: _____   Klasse: _____   Datum: _____

Sachtext

Lies den Text und beantworte die nachfolgenden Fragen.

Im Sommer gibt es manchmal heftige Gewitter. Bei manchem Gewitter fallen auch dicke Hagelkörner auf die Erde. Wie kann es sein, dass bei warmem Wetter kleine und auch größere Eisklumpen aus den Wolken kommen? Je höher man kommt, desto kälter wird es. Wenn also Gewitterwolken durch starken Wind aufwärtsgetragen werden, landen sie in den Frostzonen. Die kleinen Wassertröpfchen, die in den Wolken enthalten sind, gefrieren dann zu Eisklümpchen.

Diese Eiskristalle sind schwer und fallen wieder in tiefere Luftschichten. Dort nehmen sie neues Wasser auf. Und durch Aufwinde fallen sie nicht weiter herunter, sondern halten sich in der Luft und werden sogar wieder nach oben befördert. Dort friert das neue Wasser wieder an und das Eiskristall wird größer. Dieser Vorgang kann sich sehr oft wiederholen.

Mit jedem Aufsteigen wird das Hagelkorn größer. Wenn die Hagelkörner nicht mehr von den Aufwinden getragen werden können, stürzen sie sehr schnell aus den Wolken herab. Diese Zeit reicht nicht aus, um die Eiskörner zu schmelzen, und deshalb gibt es dann einen Hagelschauer.

1. Bei welchem Wetter entstehen Hagelkörner? _____
    A. Bei strahlendem Sonnenschein
    B. Bei Gewitter
    C. Bei leichtem Regen
    D. Bei kaltem Wetter

2. Wann landen Wolken in der Frostzone? _____
    A. Wenn es unten zu warm ist
    B. Wenn sie vorüberziehen
    C. Wenn sie durch starken Wind hochgetragen werden
    D. Wenn sie dick und schwer sind

3. Welche Wirkung haben Aufwinde? _____
    A. Sie sind schön warm.
    B. Sie wirbeln die Hagelkörner wieder hoch.
    C. Sie bringen den Regen.
    D. Sie kühlen die Luft ab.

4. Wovon handelt der Text? _____
    A. Vom Sturm
    B. Vom Entstehen der Hagelkörner
    C. Vom Gewitter
    D. Vom Regen

5. Warum ist es so erstaunlich, dass es im warmen Sommer Hagelkörner gibt?

_____

6. Was findest du an diesem Text interessant?

_____

1. Bei welchem Wetter entstehen Hagelkörner?
   B. Bei Gewitter

2. Wann landen Wolken in der Frostzone?
   C. Wenn sie durch starken Wind hochgetragen werden

3. Welche Wirkung haben Aufwinde?
   B. Sie wirbeln die Hagelkörner wieder hoch.

4. Wovon handelt dieser Text?
   B. Vom Entstehen der Hagelkörner

5. Warum ist es so erstaunlich, dass es im warmen Sommer Hagelkörner gibt?
   Zum Beispiel: Weil man meint, bei großer Wärme kann doch nichts gefrieren.

6. Was findest du an diesem Text interessant?
   Zum Beispiel: Ich wollte immer schon wissen, warum es im Sommer Eiskörner geben kann.

Name: _____ Klasse: _____ Datum: _____

Erzähltext

Lies den Text und beantworte die nachfolgenden Fragen.

Der kluge Bär

Ein Mädchen wohnte einmal, das ist lange her, ganz allein im Wald. Wie es dazu kam, dass niemand sonst bei ihm war, weiß ich nicht, ich weiß nur, dass es recht gefährlich war, gerade früher, als es noch Räuber, Geister und wilde Tiere gab.

5 Das Mädchen bekam das auch zu spüren.
Jeden Tag, wenn es wegging, schlich ein böser Zwerg in sein Häuschen und stürzte Tisch, Bett und Stühle um, zerschlug auch das Geschirr, das er erreichen konnte, und richtete überhaupt eine entsetzliche Unordnung an. Das Mädchen hatte es zuerst mit Güte versucht und dem Zwerg ein Breilein hingestellt oder ein neues Jäckchen gestrickt, aber es erntete nur Hohn und ärgere Ver-
10 wüstungen, jetzt lag sogar der ausgeleerte Abfallkübel unter der Bettdecke.
Da bastelte es eine Zwergenfalle, doch der Zwerg war viel zu schlau, um hineinzutreten. Das Mädchen dachte schon daran, sein Waldhäuschen für immer zu verlassen, da klopfte eines Abends ein Bär an seine Türe. Es machte ihm auf und teilte mit ihm sein Abendessen, und das traf sich sehr gut, denn es gab Honigbrote. Der Bär strich sich nachher mit der Pfote über die Schnauze und
15 sagte: „Mädchen, Mädchen, süß und weich, schwimm am Morgen in dem Teich!"
Dann legte er sich gleich hinter die Haustüre und begann zu schlafen.
Am anderen Morgen war der Bär verschwunden, aber das Mädchen erinnerte sich an seine Worte und dachte: „Vielleicht ist da etwas dran."
Es ging zum Waldteich, der in der Nähe seines Häuschens war, legte seine Kleider unter eine alte
20 Eiche und schwamm zum Seeroseninselchen hinaus. Kaum hatte es ein paar Züge gemacht, flitzte der Zwerg aus einem Baumspalt und nahm mit einem hässlichen Lachen die Kleider des Mädchens unter den Arm. Darauf hatte der Bär gewartet, der sich hinter dem Eichenbaum versteckt hatte. Mit einem kräftigen Prankenschlag tötete er den bösen Zwerg und gab dem Mädchen seine Kleider zurück.
25 Das Mädchen war sehr glücklich. Es dankte dem Bären und sagte zu ihm: „Sicher bist du ein verzauberter Prinz. Sag mir, wie ich dich erlösen kann."
„I wo", sagte der Bär, „ich bin ein Bär und fühle mich wohl. Als Mensch käme ich mir schön blöd vor."
Trotzdem kam er von jetzt an jeden Abend in das Häuschen des Mädchens zum Nachtessen,
30 schlief die Nacht hinter der Haustüre und ging beim Morgengrauen wieder fort, und die beiden blieben gute Freunde ihr Leben lang.

Der kluge Bär. Auszug aus: Franz Hohler/Nikolaus Heidelbach: Das große Buch. Geschichten für Kinder.
Carl Hanser Verlag München 2009

Name: _____ Klasse: _____ Datum: _____

1. Wo wohnt das Mädchen? _____

    A. Im Dorf
    B. Im Wald
    C. An einer Straße

2. Wer ist mit „es" in Zeile 6 gemeint? _____

3. Was passierte, wenn das Mädchen weg war? _____

    A. Das Häuschen ging kaputt.
    B. Das Häuschen wurde verwüstet.
    C. Das Häuschen wurde kalt.
    D. Das Häuschen explodierte.

4. Warum wollte das Mädchen sein Häuschen für immer verlassen?

_____

5. Wann klopfte der Bär an die Türe des Mädchens? _____

    A. Eines Tages
    B. An einem Nachmittag
    C. Am frühen Morgen
    D. Eines Abends

6. Warum geht das Mädchen zum Schwimmen in den Teich? _____

    A. Es war warm und das Mädchen wollte sich abkühlen.
    B. Der Bär hatte es dem Mädchen empfohlen.
    C. Das Mädchen ging jeden Morgen zum Schwimmen.
    D. Das Mädchen ging gerne zum Schwimmen.

7. Wie hilft der Bär dem Mädchen? In welchen Zeilen steht das?

_____

8. Warum hilft der Bär dem Mädchen? _____

    A. Das Mädchen hat mit dem Bären das Abendessen geteilt.
    B. Der Bär findet das Mädchen schön.
    C. Der Bär hilft allen, die in Not sind.
    D. Der Bär war zufällig am Teich.

Name: _____ **Klasse:** _____ **Datum:** _____

9. Bringe die Sätze in die richtige Reihenfolge (wie es in der Geschichte passiert ist). Der Anfang ist schon mit 1. markiert.

_____ Der Bär hilft dem Mädchen, während es schwimmt.

_____ Das Häuschen wird verwüstet, wenn das Mädchen nicht da ist.

___1.___ Ein Mädchen lebt allein in einem Häuschen.

_____ Ein Bär kommt zu dem Mädchen.

_____ Das Mädchen schwimmt in einem Teich.

10. Warum will der Bär kein Mensch werden?

_____

11. Warum meint das Mädchen, dass der Bär ein verzauberter Prinz sei?

_____

12. Was ist mit der Überschrift „Der kluge Bär" gemeint? Warum ist der Bär klug?

_____

13. Was passt zu diesem Text? _____

A. Der Autor wollte mal über einen Bären schreiben.
B. Der Autor hat ein modernes Märchen geschrieben.
C. Der Autor wollte eine Geschichte schreiben, die im Wald spielt.
D. Der Autor geht gern schwimmen.

14. Deine Meinung zu diesem Text:

_____

_____

_____

_____

_____

1. Wo wohnt das Mädchen? B. Im Wald

2. Wer ist mit „es" in Zeile 6 gemeint? Das Mädchen

3. Was passierte, wenn das Mädchen weg war? B. Das Häuschen wurde verwüstet.

4. Warum wollte das Mädchen sein Häuschen verlassen?
    Zum Beispiel: Weil der Zwerg alles verwüstet hat. Oder: Weil alles verwüstet war.

5. Wann klopfte der Bär an die Türe des Mädchens? D. Eines Abends

6. Warum geht das Mädchen zum Schwimmen in den Teich?
    B. Der Bär hatte es dem Mädchen empfohlen.

7. Wie hilft der Bär dem Mädchen? In welchen Zeilen steht das?
    Der Bär tötet den bösen Zwerg und gibt den Mädchen seine Kleider zurück. Zeilen 23/24

8. Warum hilft der Bär dem Mädchen?
    A. Das Mädchen hat mit dem Bären das Abendessen geteilt.

9. Bringe die Sätze in die richtige Reihenfolge.
    5. Der Bär hilft dem Mädchen, während es schwimmt.
    2. Das Häuschen wird verwüstet, wenn das Mädchen nicht da ist.
    1. Ein Mädchen lebt allein in einem Häuschen.
    3. Ein Bär kommt zu dem Mädchen.
    4. Das Mädchen schwimmt in einem Teich.

10. Warum will der Bär kein Mensch werden?
    Zum Beispiel: Als Mensch käme er sich schön blöd vor. Oder: Weil er sich als Bär wohl fühlt.

11. Warum meint das Mädchen, dass der Bär ein verzauberter Prinz sei?
    Zum Beispiel: Weil er sprechen kann. Weil er geholfen hat. Weil der Bär so schlau ist.
    Weil er wusste, dass der Zwerg das macht.
    Besonders gut: Weil das im Märchen so ist.

12. Was ist mit der Überschrift „Der kluge Bär" gemeint? Warum ist der Bär klug?
    Akzeptabel: Weil der Bär eine kluge Idee hatte. Weil der Bär herausgefunden hat, wie man
    den Zwerg besiegen kann. Weil der Bär einen klugen Plan hatte. Weil er wusste, wie man den
    Zwerg kriegt. ... Besonders gut: Der Bär fühlt sich wohl mit seinem Leben. Er ist zufrieden.
    Er will nichts anderes sein, als er ist. Das ist klug. ...

13. Was passt zu diesem Text? B. Der Autor hat ein modernes Märchen geschrieben.

14. Deine Meinung zu diesem Text:
    Zum Beispiel: „Der Text ist schön und gut geschrieben. Ich hatte Spaß beim Lesen.
    Und ich werde mir den Text auch zu Hause noch mal durchlesen." „Ich finde den Text schön,
    weil der Bär sich mit dem Mädchen anfreundet." „Ich finde diesen Text sehr spannend."

Anmerkung: Die Fragen berücksichtigen alle Kompetenzstufen nach PISA und IGLU.

Schwierigkeiten im Hinblick auf die Texterschließung	Beispiel	Förderempfehlungen
Vorstellungsleistungen aktivieren – Wortbedeutung im Kontext realisieren		
Das Kind setzt sich kaum mit Wortbedeutungen in Texten auseinander. Das Kind findet keine Worterklärungen im Kontext.	Der Bär hat das Mädchen betrogen. (Aufgabe 12 falsch beantwortet)	• Fördermaterial „Schlüsselbegriff eines Textes" (Seiten 30–32) • Fördermaterial „Worterklärungen im Kontext finden" (Seiten 33–34) • Unbekannte Wörter in Texten im Kontext erklären
Einfache inhaltliche sowie Verknüpfungen durch Artikel und Pronomen realisieren		
Das Kind erkennt Verknüpfungen durch Artikel und Pronomen nicht sowie die damit verbundenen einfachen inhaltlichen Verknüpfungen.	Es war „der Zwerg". (Aufgabe 2 falsch beantwortet)	• Fördermaterial „Textrekonstruktion" (Seiten 35–37) • Individuelle Zeit für das stille selbstständige Lesen geben • In Texten, die im Unterricht eingesetzt werden, Verknüpfungen markieren (vgl. Beispiel Fördermaterial „Textrekonstruktion", Aufgaben 2, 3, Seiten 36–37)
Das Kind kann einen Text vortragen, versteht aber kaum etwas von dem Inhalt.	Nach dem eigenen Textvortrag kann das Kind kaum Auskunft geben über den Inhalt des Textes.	
Alle Informationen eines Textes verbinden, Hauptaussage eines Textes finden		
Das Kind liest nicht gründlich und überprüft sein Verstehen nicht.	Das Mädchen ging jeden Morgen zum Schwimmen. (Aufgabe 6 falsch beantwortet) Das Kind versucht zu raten, worum es in dem Text geht.	• Fördermaterial „Textergänzung" (Seiten 38–41) • Einfache Texte ohne Überschrift präsentieren und diese finden lassen
Wesentliche Aussage eines Textes finden: Texte vergleichen		
Das Kind hat Schwierigkeiten, Unterschiede und/oder Gemeinsamkeiten von zwei Texten zu finden.	Das Kind erkennt nicht, dass es sich bei zwei Texten um das gleiche Thema handelt.	• Fördermaterial „Zwei Texte zu einem Thema vergleichen " (Seiten 42–46) • Unterschiedliche Texte zu einem Thema suchen und mit Erklärungen präsentieren
Texte gliedern/Textabschnitte verknüpfen		
Die Aussagen in einzelnen Abschnitten werden nicht als Teilinformationen wahrgenommen.	Das Kind kann keine Aussagen zu einzelnen Textabschnitten machen.	• Fördermaterial „Textabschnitte benennen und verknüpfen" (Seiten 47–50) • Abschnitte eines Textes mit einem Stichwort versehen
Den Verstehensprozess reflektieren: Textteile antizipieren		
Das Kind reflektiert seinen Verstehensprozess kaum. Es ist sich kaum dessen bewusst, was es aus einem Textstück bereits erfahren hat.	Das Kind kann das bereits Gelesene kaum wiedergeben bzw. zusammenfassen.	• Fördermaterial „Fragen zu einem Text beantworten" (Seiten 56–58) • In Partnerarbeit Fragen zu einem Text stellen
Informationen finden, Fragen beantworten (Lesestrategien anwenden)		
Das Kind kann nur wenige Informationen aus einem Text entnehmen. Das Kind hat Schwierigkeiten, bestimmte Textstellen zu finden.	Das Mädchen wohnt im Dorf. (Aufgabe 1 falsch beantwortet) An einem Nachmittag klopfte der Bär an die Türe des Mädchens. (Aufgabe 5 falsch beantwortet)	• Fördermaterial „Über die eigene Texterwartung nachdenken" (Seiten 51–55) • Den Schluss eines Textes entwerfen und mit dem Autorentext vergleichen

Schlüsselbegriff eines Textes: Wortbedeutung im Zusammenhang

1. Du bekommst ein Wort, über das du nachdenken sollst.
Überlege, welche Bedeutungen dir dazu einfallen.

2. Suche dann dieses Wort im Text und finde heraus, welche Bedeutung es dort hat.

Beispiel
zu 1. Bedeutungen von „kommen"
ankommen, wegkommen, hinkommen, zu kurz kommen, hervorkommen, runterkommen,
zum Vorschein kommen, aufkommen, dazwischenkommen, …

zu 2. Das Wort „kommen" wurde im folgenden Text gesucht und unterstrichen.

Fritz Stachelwald

Bei Nacht und Nebel durch den Park
Marschiert der Polizist Hans Stark.

In einem Strauche rührt sich was.
Ein Niesen. Schnaufen. Was ist das?

„Heraus! – Ich schieße! Wird es bald?"
Zum Vorschein <u>kommt</u> Fritz Stachelwald.

„Ach Igel, du streifst noch herum?
Das darfst du gern. – Entschuldigung!"

Josef Guggenmos

Bedeutung des Wortes „kommen" im Text:
In diesem Gedicht steht „kommen" in der Bedeutung von „zum Vorschein kommen",
der Igel kommt aus dem Gebüsch heraus.
Damit gibt es eine lustige Auflösung der unheimlichen Situation.

*Josef Guggenmos. Fritz Stachelwald. Aus: Was denkt die Maus am Donnerstag? © 1998 Beltz & Gelberg
in der Verlagsgruppe Beltz. Weinheim/Basel*

Text 1

1. Welche Bedeutungen von *fallen* kennst du?

_____

_____

2. Lies den folgenden Text und suche das Wort *fallen*. Zeile: _____
(*Tipp: ziemlich am Ende*)

Der Frosch und die Zahnpasta

Es war einmal ein Frosch, der hatte immer schmutzige Zähne. Sie waren nicht nur schmutzig, sie waren richtig schwarz. Das kam davon, dass er so viele Fliegen fraß, und die Fliegen sind nun einmal schwarz. Aber weil er in der Nähe eines Kohlebergwerkes wohnte, waren die Fliegen
5 mehr als schwarz, sie waren kohlrabenschwarz. Dazu kam, dass der Frosch rasend gern schwarze Schokolade aß. Am liebsten legte er zwei Reihen Schokolade aufeinander, mit ein paar zerquetschten Fliegen dazwischen. Das nannte er sein Fliegenbrot.
Eines Tages aber bekam der Frosch fürchterliches Zahnweh, und er musste wohl oder übel zum Zahnarzt.
10 Dieser schaute ihm in den Mund und fragte ihn dann, ob er schwarze Fliegen fresse.
Der Frosch nickte stumm.
„Und essen Sie etwa auch schwarze Schokolade?", fragte der Zahnarzt weiter.
„Ja-ah", quakte der Frosch und schämte sich ein bisschen.
Der Zahnarzt gab ihm eine weiße Zahnpasta mit roten Streifen. „Putzen Sie sich die Zähne nach
15 jedem Essen damit, und hören Sie sofort auf mit den Fliegen und der Schokolade", ermahnte er ihn.
Der Frosch war froh, dass der Zahnarzt nicht gebohrt hatte, hüpfte nach Hause in seinen Kohlebergwerkteich und probierte sofort die neue Zahnpasta aus.
Die schmeckte ihm so gut, dass er von jetzt an immer eine halbe Tube davon auf sein Fliegen-
20 brot schmierte, bevor er es aufaß.
Das nützte natürlich gar nichts, und so fielen dem Frosch nach und nach alle Zähne aus.
Was meinst du?
Frösche haben gar keine Zähne?
Eben, jetzt nicht mehr.

Welche Bedeutung hat *fallen* hier? _____

3. Lies und kreuze an, was du passend findest.

❑ Der Autor mag Frösche gern und beobachtet sie oft.
❑ Der Autor meint, dass das Zähneputzen wichtig ist, und hat eine lustige Geschichte erfunden, warum die Frösche keine Zähne haben.
❑ Der Autor schreibt gern über Tiere im Teich.

Franz Hohler, Nikolaus Heidelbach, Das große Buch. Geschichten für Kinder. Carl Hanser Verlag München 2009.

Text 2

1. Was kann das Wort *piepen* bedeuten? Was kann *piepen?*

_____

_____

2. Lies den folgenden Text und suche das Wort *piepen*. Zeile: _____

Baum 532

Katiti ist ein Chamäleon, das auf einem Urwaldbaum lebt. Sie erlebt einige Abenteuer, als sie sich auf den Weg macht zur Spitze des Baumes. Nach Art der Chamäleons wechselt Katiti häufig die Farbe. ...

5   Katiti lächelte gewinnend und setzte sich den beiden gegenüber hin. „Und ...", begann sie erneut, „und was macht ihr hier oben?" Die Nashornvögel würdigten sie immer noch keines Blickes. Wie pingelige Königskinder hockten sie da, bis der Linke sagte: „Es spricht zu uns? So soll es reimen!" Und sein Kollege sprang ihm hochschnäbelig bei: „Dichten, rappen ... Nur nicht schleimen!" „Hä?", machte Katiti und wusste vor dunkelblauer Verblüffung einen Moment lang

10 nichts zu sagen. „Reimen? Was? Wie? Nein ... ach ..." Katiti ächzte leise. „Ihr lieben Nashornvögel, mir ... mir fällt aber leider gar nichts ein, was sich auf irgendetwas reimt. Ich kann nun einmal gar nicht dichten!"
Da plusterte sich der rechte Vogel auf und krächzte an seinen Kollegen gewandt: „Soll'n wir verzichten?" „Mitnichten!", kam die prompte Antwort. „Richten und Schlichten?" „Zum Dichten

15 verpflichten!"
„Au weia ...", unterbrach Katiti. „Was meint ihr Flatterflegel? Zum Dichten verpflichten? Och nö! Bei euch piept es wohl! Was quasselt ihr denn da für einen Stuss? Dabei ... dabei wollte ich doch eigentlich ... was ganz anderes sagen!"
Die Nashornvögel ließen sich von Katitis Rede nicht im Mindesten beeindrucken und reimten

20 weiter. „Nagende Klagen?" „Nur nicht verzagen!" „Es muss doch nur zwei Wörter wagen ..."
„... die miteinander sich vertragen!"
Katiti wurde fast schwarz vor Groll. „Wagen? Vertragen? Oh Mann! Was für ein Quatsch!" Da wechselten die Vögel einen irritierten Blick und eine Pause trat ein.
„Quatsch? Schwierig ... schwierig ...", krächzte der Linke und schlug dann vor: „Matsch?"

25 „Klatsch!", ergänzte der andere selbstgefällig. „Kladderadatsch!" Da fingen beide an zu giggeln, dass ihre flaumigen Rücken nur so zuckten. „Mon dieu!", fauchte Katiti, die sich endgültig überdichtet fühlte. Da waren ihr ja sogar die verrückten Affen eine Etage tiefer lieber gewesen. ... „Pah!", machte sie. „Ihr ... ihr könnt mich mal gern haben! Ihr Tutengockel! Ne Macke habt ihr, und zwar eine prächtige!" ...

30 Die Nashornvögel wippten kurz und stießen sich dann mit aller Kraft ab. ... und ließen Katiti allein auf dem nachschwingenden Ast zurück.

Was bedeutet *piepen* in diesem Text? _____

Auszug aus: Simak Büchel. Baum 532. Dix Verlag Düren Bonn, S. 23–26

Worterklärungen im Kontext finden

Manchmal versteht man ein Wort in einem Text nicht, man kennt es nicht. Wenn man im Text davor und dahinter nachschaut, findet man oft heraus, was das unbekannte Wort bedeutet. Man kann einen Text auch verstehen, wenn man nicht jedes Wort darin kennt.

Beispiele

... Katiti lächelte gewinnend und setzte sich den beiden gegenüber hin. „Und ...", begann sie erneut, „und was macht ihr hier oben?" Die Nashornvögel würdigten sie immer noch keines Blickes. Wie **pingelige** Königskinder hockten sie da, bis der Linke sagte: „Es spricht zu uns? So soll es reimen!" Und sein Kollege sprang ihm **hochschnäbelig** bei: „Dichten, rappen ... Nur nicht schleimen!" ...

Wenn du das Wort „pingelig" nicht kennst, lies dir den Text vor und nach dem Wort genau durch. Überlege:
Die Nashornvögel gucken Katiti gar nicht an, sie „würdigen sie keines Blickes". Sie sind also nicht freundlich, sie antworten nicht und gehen nicht ein auf Katitis Lächeln. Sie fühlen sich offenbar als „etwas Besseres", ähnlich wie ganz besondere Königskinder. Also ist mit „pingelig" etwas Ähnliches gemeint wie superkritisch.

Und was soll das Wort „hochschnäbelig" bedeuten? Überlege:
Die Nashornvögel sind überheblich, sie sind hochnäsig. Der Autor hat deshalb das bekannte Wort *hochnäsig* umgedichtet zu *hochschnäbelig,* weil es sich ja um zwei Vögel handelt.

1. Lies den Textauszug und betrachte das Wort *ächzte* im Zusammenhang.

... „Hä?", machte Katiti und wusste vor dunkelblauer Verblüffung einen Moment lang nichts zu sagen. „Reimen? Was? Wie? Nein ... ach ..." Katiti **ächzte** leise. „Ihr lieben Nashornvögel, mir ... mir fällt aber leider gar nichts ein, was sich auf irgendetwas reimt. Ich kann nun einmal gar nicht dichten!"
Da plusterte sich der rechte Vogel auf und krächzte an seinen Kollegen gewandt: „Soll'n wir verzichten?" „Mitnichten!", kam die prompte Antwort. „Richten und Schlichten?" „Zum Dichten verpflichten!"
„Au weia ...", unterbrach Katiti. „Was meint ihr *Flatterflegel?* Zum Dichten verpflichten? Och nö! Bei euch piept es wohl! Was quasselt ihr denn da für einen Stuss? Dabei ... dabei wollte ich doch eigentlich ... was ganz anderes sagen!"

Was bedeutet das Wort *ächzte?* Kreuze an.

❏ stöhnte verzweifelt   ❏ weinte
❏ dachte nach   ❏ kratzte sich am Kopf

2. Lies den Textauszug und betrachte das Wort *Groll* im Zusammenhang.

> ... Die Nashornvögel ließen sich von Katitis Rede nicht im Mindesten beeindrucken und reimten
> weiter. „Nagende Klagen?" „Nur nicht verzagen!" „Es muss doch nur zwei Wörter wagen ..."
> „... die miteinander sich vertragen!"
> Katiti wurde fast schwarz vor **Groll.** „Wagen? Vertragen? Oh Mann! Was für ein Quatsch!"
> Da wechselten die Vögel einen irritierten Blick und eine Pause trat ein.

Was ist mit *Groll* gemeint? _____

_____

_____

3. Lies den Textauszug und betrachte das Wort *giggeln* im Zusammenhang.

> „Quatsch? Schwierig ... schwierig ...", krächzte der Linke und schlug dann vor: „Matsch?"
> „Klatsch!", ergänzte der andere selbstgefällig. „Kladderadatsch!" Da fingen beide an zu **giggeln,**
> dass ihre flaumigen Rücken nur so zuckten. „Mon dieu!", fauchte Katiti, die sich endgültig über-
> dichtet fühlte. Da waren ihr ja sogar die verrückten Affen eine Etage tiefer lieber gewesen. ...
> „Pah!", machte sie. „Ihr ... ihr könnt mich mal gern haben! Ihr ***Tutengockel!*** Ne Macke habt ihr
> und zwar eine prächtige!" ...

Was ist mit *giggeln* gemeint? _____

_____

_____

4. Katiti hat eigene Schimpfwörter erfunden: *Flatterflegel* und *Tutengockel*.
Was haben diese Schimpfwörter mit den Nashornvögeln zu tun?
Warum hat Katiti sie wohl gewählt?

_____

_____

_____

_____

_____

_____

Textrekonstruktion:

Textteile richtig zusammensetzen, einen Text wiederherstellen

Die einzelnen Sätze eines Textes, seine Einzelteile, sind miteinander verknüpft.

- *Verknüpfungen* gibt es *durch Artikel, durch Nomen und durch Pronomen* (Annabelle, sie) sowie *durch Konjunktionen* *(weil, aber, dann, und, obwohl ...)* – sie sind im Beispiel **fett** gedruckt.
- Dazu kommen die *inhaltlichen Verknüpfungen* durch bestimmte Wörter *(befreundet – zum Freund)* – sie sind im Beispiel *kursiv* gedruckt.
  Wenn du diese Verknüpfungsstellen herausfindest, kannst du die Sätze in die richtige Reihenfolge bringen.

Beispiel:

Beispiel:

Die nebenstehenden Sätze sollen wieder richtig zu einem Text zusammengesetzt werden. Dazu werden die einzelnen Sätze oder Teile ausgeschnitten und zuerst probeweise wieder neu zusammengelegt. Nach der Überprüfung, ob der Text so stimmen kann, entscheidet man, ob noch einmal neu sortiert werden muss.

„**Weil** mir **Elefanten** *gefallen!* **Sie** sind gutmütig und nicht so wie diese fürchterlichen Mäuse in Bullis Bande."
Annabelle war *eine ganz besondere* weiße Maus.
Sie wünschte sich einen Elefanten *zum Freund.*
Sie war schon allein deshalb *ungewöhnlich,* weil sie nicht mit anderen Mäusen *befreundet* sein wollte.
„Warum benimmst du dich nicht wie alle Mäuse auf der Welt?", fragte ihre Mutter, **denn** sie *verstand* diese Launen ihrer Tochter *nicht.*

Überlegungen	So ist der Text richtig zusammengesetzt.
Der Text beginnt mit der Information über die Hauptfigur.	**Annabelle** war *eine ganz besondere* weiße Maus.
Der nächste Satz knüpft über das Pronomen **„Sie"** an und dass sie *„ungewöhnlich"* war. Die Begründung: Sie wollte nicht mit Mäusen *befreundet* sein.	**Sie** war schon allein deshalb *ungewöhnlich,* weil sie nicht mit anderen Mäusen *befreundet* sein wollte.
Dann folgt, mit wem sie befreundet sein wollte, nämlich mit einem Elefanten.	**Sie** wünschte sich einen Elefanten *zum Freund.*
Die Mutter *verstand* das nicht.	„Warum benimmst du dich nicht wie alle Mäuse auf der Welt?", fragte ihre Mutter, **denn** sie *verstand* diese Launen ihrer Tochter *nicht.*
Deshalb begründet Annabelle im letzten Satz ihren Wunsch.	„**Weil** mir **Elefanten** *gefallen!* **Sie** sind gutmütig und nicht so wie diese fürchterlichen Mäuse in Bullis Bande."

Auszug aus: Rachel Bisseuil/Christian Guibbaud: Elefantenzart und Mäusestark. Dix Verlag Düren Bonn 2011.

1. Schneide die einzelnen Textteile aus.
Lies sie und bringe sie in die richtige Reihenfolge.
Als Hilfe sind einige Verknüpfungsstellen markiert.

> „Ist doch klar, *Mama,* **sie** *denken* ja, wir *wären alle wie* Bulli und seine *Bande.*"

> Bulli war der Boss ***einer*** *Mäusebande.*

> **Sie** waren so grässlich und *frech,* dass sich **Annabelle** schämte, selbst eine weiße Maus zu sein.

> Einer Gang weißer **Mäuse,** die **der** *Schrecken* der ganzen Nachbarschaft war.

> So kam es, dass **sie** beschloss, sich *andere Freunde* zu suchen.

> **Das** *verstehe* ich ja auch", sagte ihre *Mutter,* „aber **Elefanten** *fürchten sich* doch vor Mäusen."

2. Schneide die einzelnen Textteile aus.
Lies sie und bringe sie in die richtige Reihenfolge.
Überprüfe deine Lösung und unterstreiche die Verknüpfungsstellen.

> „Ich bin eine weiße Maus. Erkennt man das etwa nicht?"

> „Ich kann es nicht fassen! Da stehe ich nun vor einem Elefanten und er fürchtet sich nicht vor mir", murmelte Annabelle mehr zu sich selbst als zu ihrem Gegenüber.

> „Na, weil sich alle Elefanten vor Mäusen fürchten", antwortete Annabelle.

> „Oh, dann bist du wohl eine Maus?"

> „Warum sollte ich mich denn vor dir fürchten?", fragte der Elefant mindestens ebenso überrascht.

Auszug aus: Rachel Bisseuil/Christian Guibbaud: Elefantenzart und Mäusestark. Dix Verlag Düren Bonn 2011.

3. Schneide die einzelnen Textteile aus.
Lies sie und bringe sie in die richtige Reihenfolge.
Überprüfe deine Lösung und unterstreiche die Verknüpfungsstellen.

Die ungleichen Regenwürmer

Er packte sein Köfferchen und bohrte sich nach oben, und als er sah, wie die Sonne schien und der Wind über das Sauerampferfeld strich, wurde es ihm leicht ums Herz, und er schlängelte sich fröhlich zwischen den Stängeln durch.

Tief unter einem Sauerampferfeld lebten einmal zwei Regenwürmer und ernährten sich von Sauerampferwurzeln.

Doch er war kaum drei Fuß weit gekommen, da entdeckte ihn eine Amsel und fraß ihn auf.

Aber sagt mir selbst – ist das ein Leben?

Eines Tages sagte der erste Regenwurm: „Wohlan, ich bin es satt, hier unten zu leben, ich will eine Reise machen und die Welt kennenlernen."

Der zweite Regenwurm hingegen blieb immer in seinem Loch unter dem Boden, fraß jeden Tag seine Sauerampferwurzeln und blieb die längste Zeit am Leben.

4. Zusatzaufgabe: Was meint der Autor mit dem letzten Satz des Textes? Was ist deine Meinung?

_____

_____

_____

_____

Franz Hohler/Nikolaus Heidelbach: Der große Zwerg und andere Geschichten. Carl Hanser Verlag München 2009

TEXTE VERSTEHEN: ERZÄHLTEXTE

Textergänzung: ein fehlendes Wort im Text herausfinden

1. Lies den Text und ergänze das fehlende Wort.

Wenn du dem Text alle Informationen entnommen hast,
wenn du alle Hinweise zusammen betrachtest,
wenn du über den Text nachdenkst,
dann findest du heraus, welches Wort ergänzt werden muss.

Beispiel:
„Es geht nicht darum, ob man das erkennt oder nicht. Ich sehe dich nicht!", antwortete der Elefant. Seine Augen waren hinter dunklen Brillengläsern nicht zu sehen.
„Bin ich so schrecklich klein?"
„Nein, das ist es auch nicht. Ich kann nicht sehen, ob du groß oder klein bist. Auch Farben kann

ich nicht sehen. Weißt du, ich sehe einfach nichts, gar nichts. Ich bin _____ ,
wusstest du das nicht?"

Deine Überlegungen:
Der Elefant sagt, dass er sie (die Maus Annabelle) nicht sieht. Er trägt eine dunkle Brille und seine Augen sind nicht zu sehen.
Farben kann der Elefant auch nicht sehen. Er sieht gar nichts, er ist also blind.
Das Wort *blind* ist die Lösung und muss im Text ergänzt werden.

---

2. Lies die folgenden Texte und setze jeweils das fehlende Wort ein.

„Jetzt wird mir alles klar. Jetzt weiß ich, warum du so freundlich zu mir bist und nicht schreiend vor mir Reißaus nimmst, wie all die anderen. Was meinst du, sollen wir **Freunde** sein?

Dann gäbe es zum ersten Mal auf der Welt eine _____ zwischen einem Elefanten und einer Maus – einer weißen Maus sogar."

Tipp: Das fett gedruckte Wort hilft dir weiter.

Annabelles neuer Freund hieß Zett. Und er erzählte ihr, wie er zu diesem Namen gekommen war:
Er war immer der Letzte – wie der Buchstabe Z im Alphabet.
Klar, der Name passte perfekt, denn er war ja wirklich immer der Letzte. Weil er ja nichts – gar nichts – sehen konnte, musste er sich mit seinem Rüssel immer bei den anderen festklammern.

Er bildete immer das _____ .

Auszüge aus: Rachel Bisseuil/Christian Guibbaud: Elefantenzart und Mäusestark. Dix Verlag Düren Bonn 2011.

Annabelle beschreibt ihrem blinden Freund die Farben.

> Die Farbe der Sonne ist Gelb. Gelb als Farbe des Lichts. Zett, das Gelb des Lichts kannst du auf dei-
> nen Schultern spüren, wenn die Sonne scheint. Gelb ist eine sanfte Farbe und zugleich zuweilen
>
> auch eine grelle Farbe. Genau wie Bananen und Zitronen völlig verschieden _____,
> aber beide gelb sind."

> „... Grün ist eine wunderschöne Farbe. Grün ist die Farbe der Bäume im Frühling und grün ist der
> Rasen unter unseren Füßen. Ich bin sicher, du erinnerst den Duft von frisch geschnittenem
>
> _____. Das Grün ist so sanft wie das Blau und zugleich so lebhaft wie das Gelb, denn es ist eine
> Mischung aus beidem."
>
> „Weißt du, Annabelle, ob das Grün schön ist, kann ich ja gar nicht sagen, aber _____
> duftet einzigartig. Ich glaube, Grün ist meine Lieblingsfarbe!"

Zusatzaufgabe: Wie gelingt es Annabelle, ihrem Freund einen Eindruck von einer Farbe zu vermitteln?

_____

_____

3. Lies und ergänze das fehlende Wort.

> Der Pfingstspatz
>
> Viel weniger bekannt als der Osterhase ist der Pfingstspatz. Er legt allen Leuten am Pfingstsonn-
> tag ein Grashälmlein auf den Fenstersims, eines von der Art, wie er es sonst zum Nestbau braucht.
> Das merkt aber nie jemand, höchstens ab und zu eine Hausfrau, die es sofort wegwischt.
> Der Pfingstspatz ärgert sich jedes Jahr grün und blau über seine Erfolglosigkeit und ist sehr
>
> neidisch auf den Osterhasen, aber ich muss ehrlich sagen, das mit den _____
> finde ich auch die bessere Idee.

Zusatzaufgabe: Schreibe deine Meinung zu diesem Text.

_____

_____

*Auszüge aus: Rachel Bisseuil/Christian Guibbaud: Elefantenzart und Mäusestark. Dix Verlag Düren Bonn
2011.*
*Franz Hohler/Nikolaus Heidelbach, Das große Buch. Geschichten für Kinder. Carl Hanser Verlag München
2009.*

4. Lies beide Gedichte. Von welchem Tier ist die Rede? Setze das Wort ein.

Der _____ Der _____, grau wie ein Stein, hat Zähne, ganz aus Elfenbein. Wie ein Gebirg geht er herum. Zehn Männer werfen ihn nicht um. *Josef Guggenmos*	Ein _____ marschiert durchs Land Ein _____ marschiert durchs Land und trampelt durch die Saaten. Er ist von Laub und Wiesenheu so groß und kühn geraten. Es brechen Baum und Gartenzaun vor seinem festen Tritte. Heut kam er durch das Tulpenfeld zu mir mit einer Bitte. Er trug ein weißes Kreidestück in seinem langen Rüssel und schrieb damit ans Scheunentor: „Sie, geht es hier nach Brüssel?" Ich gab ihm einen Apfel und zeigte ihm die Autobahn. Da kann er sich nicht irren und richtet wenig an. *Josef Guggenmos*

Unterstreiche die Wörter, die dir die wichtigsten Hinweise gegeben haben.
Wie hast du die Lösung gefunden?

_____

_____

_____

_____

_____

_____

Josef Guggenmos: Der Elefant/Ein Elefant marschiert durchs Land. Aus: Was denkt die Maus am Donnerstag? © 1998 Beltz & Gelberg in der Verlagsgruppe Beltz. Weinheim/Basel

5. Lies den Text und ergänze das fehlende Wort am Schluss.

Oropoi oder wie die Paviane zu ihrem roten Hintern kamen

Oropoi ist ein Pavian, der viele Abenteuer erlebt.
Einmal begegnete Oropoi auf seinen Streifzügen einer Gruppe kleiner, weißbäuchiger Affen, die sich über die süßesten, leckersten Früchte der Welt unterhielten. ...

„Oh!", machte Oropoi. „Oh ... die süßesten, leckersten Früchte der Welt! Das hört sich ja ausgezeichnet an. Die muss ich unbedingt auch einmal probieren!"
Natürlich wollte er herausfinden, wo es diese Früchte gab. Er wusste aber auch, dass die kleinen, weißbäuchigen Affen ihm niemals verraten würden, wo der Baum stand, an dem die Früchte wuchsen. Deswegen gebrauchte er eine List.
Oropoi versteckte sich vor ihren Blicken im hohen Gras und folgte ihnen heimlich, als sie sich auf den Weg machten. Nach einiger Zeit erreichten die weißbäuchigen Affen eine Anhöhe. Dort ragte ein gewaltiger Baum auf. Die Affen huschten sofort in die Äste, griffen nach den großen, grünen, an manchen Stellen bereits saftig rot schimmernden Früchten und bissen in diese hinein, dass ihnen der Fruchtsaft nur so das Kinn hinunter lief. Als Oropoi das sah, konnte er sich nicht länger beherrschen. Er richtete sich plötzlich zu seiner vollen Größe auf und rief: „Ich, Oropoi, Anführer der Paviane, beanspruche diesen Baum da als mein Eigentum. Dieser Baum da gehört von nun an nur noch mir!"
Na ja, zumindest wollte Oropoi das rufen. Aber in dem Moment, als er sich aus dem knisternden Gras aufrichtete und seinen Mund öffnete, warf ihm der flinkste Affe eine der schweren Früchte genau zwischen die Augen. Oropoi taumelte, seine Knie wurden ganz weich und er fiel schwindelnd um. Alles, was er noch sagen konnte, bevor er bewusstlos wurde, war: „Ma... Ma... Ma-Mango ..." (oder zumindest etwas, das sich ganz ähnlich anhörte!). Deswegen werden die Früchte des Baumes noch heute _____ genannt.

Zusatzaufgabe: Wie hast du die Lösung gefunden?

_____

_____

_____

_____

Welche Meinung hast du zu diesem Text?

_____

_____

_____

Auszug aus: Simak Büchel. Oropoi oder wie die Paviane zu ihrem roten Hintern kamen. Dix Verlag Düren Bonn.

Zwei Texte zu einem Thema vergleichen

Wenn du zwei Texte zum gleichen Thema liest, erkennst du manchmal schneller, worum es geht. Du kannst auch die unterschiedlichen Textsorten unterscheiden, und die Aussagen werden deutlich.

Beim Textvergleich achte auf die Unterschiede und die Gemeinsamkeiten.

Beispiel

Text 1
Zucker kann man in warmer Flüssigkeit auflösen. Dann ist vom Zucker im Kaffee oder Tee nichts mehr zu sehen.

Text 2
Verschwunden

Es war einmal ein Zuckerstück,
ein Brocken, weiß wie Schnee.
Der fiel in den berühmten See
mit Namen Lindenblütentee.

Er kam nicht mehr heraus, oje,
und ist auch nicht mehr drinnen.
Der Löffel sucht und sucht herum
voll Schrecken und Verwunderung.

Josef Guggenmos

Wenn du die beiden Texte vergleichst, kannst du Folgendes überlegen:

Im ersten Text wird darüber informiert, dass sich Zucker in einer Flüssigkeit auflöst. In einer warmen oder heißen Flüssigkeit geht dies besonders schnell.

Im Gedicht von Josef Guggenmos geht es um dasselbe Thema. Nur wird hier das Zuckerstück mit einem Fels- oder Steinbrocken verglichen, der in einen See fällt. Die Flüssigkeit ist aber kein echter See, sondern ein Lindenblütente, vermutlich in einer Tasse, denn es gibt einen Löffel, der „sucht". Der Witz des Gedichts besteht also darin, dass ein „Brocken", ein Stück Zucker in eine Flüssigkeit fällt und nicht mehr zu finden ist, da er sich aufgelöst hat (bei echten Steinen in einem echten See wäre dies anders!).

Josef Guggenmos: Was denkt die Maus am Donnerstag? © 1998 Beltz & Gelberg in der Verlagsgruppe Beltz. Weinheim/Basel

1. Lies beide Texte und vergleiche sie.

Vögel im Frühling

Im Frühling bauen Spatzen und andere Vögel ihre Nester. Dazu tragen sie kleine Halme, Zweige, Federn und andere geeignete Dinge zusammen. In diesem Nest werden dann die Eier gelegt und ausgebrütet. Und wenn die Jungen geschlüpft sind, müssen die Eltern fleißig Nahrung heranschaffen, bis diese selbst fliegen und sich versorgen können.

Hängt wo ein Büschel Heu aus einem Loch

Hängt wo ein Büschel Heu aus einem Loch,
dann weiß man gleich, dort steckt ein Spatzennest.
Es sind nur Spatzen, nicht sehr ordentlich, und doch
schau nur, die Spätzin kommt, ganz abgehetzt,

mit irgendetwas, es kann ein Räuplein sein.
Jetzt – welch Geschrei! So geht's tagaus, tagein.
Die Spatzeneltern, ach, wie sie sich plagen,
wie rechte Eltern. Man muss Achtung haben.

Josef Guggenmos

---

a) Worin besteht ein wichtiger Unterschied? _____

    A. Der erste Text ist ein Sachtext, der zweite ein Gedicht.
    B. Der erste Text handelt von einem Vogel, der zweite von einem Spatz.
    C. Der erste Text könnte in einer Zeitung stehen, der zweite in einem Buch.
    D. Der erste Text handelt von Jungen, der zweite von Eltern.

b) Welche ist die wichtigste Gemeinsamkeit in beiden Texten? _____

    A. Es geht um Tiere.
    B. Im Frühling kann man Vögel beobachten.
    C. Vogeleltern sorgen für ihre Kinder.

c) Suche die Kernaussagen in beiden Texten. Unterstreiche die entsprechenden Stellen.

Im **Sachtext** wird über den Nestbau und die Fütterung der Brut durch die Eltern informiert.
Im **Gedicht** werden die Spatzeneltern mit menschlichen Eltern verglichen, die gut für ihre Kinder sorgen. Der Autor weist darauf hin, dass man Achtung haben muss vor den Spatzeneltern, die sich so viel Mühe geben, ihre Nachkommen zu ernähren.

Josef Guggenmos: Was denkt die Maus am Donnerstag? © 1998 Beltz & Gelberg in der Verlagsgruppe Beltz. Weinheim/Basel

2. Lies beide Texte und vergleiche sie.
Was haben beide Texte gemeinsam?
Welcher Unterschied besteht zwischen beiden Texten?

Der Kuckuck

Der Kuckuck ruft mit Macht im Wald,
ruft kuckuck, dass es hallt und schallt.
Sein Weib schlüpft heimlich durchs Geäst
und schiebt ihr Ei ins fremde Nest.

Josef Guggenmos

Kuckuck

Kuckuck, kuckuck! Der Kuckuck schreit
und hat vor Schreien keine Zeit,
dass er aus hundert Halmen flicht
ein hübsches Nest. Das macht er nicht.

Wie treibt's der Kuckuck? Er ist schnell
In aller Heimlichkeit zur Stell,
schiebt in ein fremdes Nest sein Ei.
Was draus wird, ihm ist's einerlei.

Sein Ei, ein andrer brütet's aus,
und wird ein Kuckuck doch daraus.
Ein Kuckuck, welcher schreit und schreit
„kuckuck" die ganze Frühlingszeit.

Josef Guggenmos

Gemeinsamkeiten: _____

_____

_____

Unterschiede: _____

_____

_____

Zusatzaufgabe: Schreibe einen Krimi zum Thema „Kuckuck".

Josef Guggenmos: Was denkt die Maus am Donnerstag? © 1998 Beltz & Gelberg in der Verlagsgruppe Beltz. Weinheim/Basel

3. Lies beide Gedichte.

Der Stein	Ein dicker Sack
Ein kleines Steinchen rollte munter von einem hohen Berg herunter. Und als es durch den Schnee so rollte, ward es viel größer als es wollte. Da sprach der Stein **mit stolzer Miene:** **„Jetzt bin ich eine Schneelawine."** Er riss im Rollen noch ein Haus und sieben große Bäume aus. Dann rollte er ins Meer hinein, und *dort versank der kleine Stein.* *Joachim Ringelnatz*	Ein dicker Sack – den Bauer Bolte, Der ihn zur Mühle tragen wollte, Um auszuruhn, mal hingestellt **Dicht an ein reifes Ährenfeld –** Legt sich in **würdevolle Falten** Und fängt ne Rede an zu halten. Ich, sprach er, bin der volle Sack. Ihr Ähren seid nur dünnes Pack. **Ich bin's, der euch** auf dieser Welt In Einigkeit **zusammenhält.** Ich bin's, der hoch vonnöten ist, Dass euch das Federvieh nicht frisst; Ich, dessen hohe Fassungskraft Euch schließlich in die Mühle schafft. **Verneigt euch tief,** denn ich bin Der! Was wäret ihr, wenn ich nicht wär? Sanft rauschen die Ähren: *Du wärst ein leerer Schlauch,* wenn wir nicht wären. *Wilhelm Busch*

a) In beiden Texten geht es um Angeberei.
Es sind jeweils einige Textstellen fett gedruckt.

Womit gibt der Stein an?

_____

Womit gibt der Sack an?

_____

b) Beim Textvergleich wird der Höhepunkt, die Pointe, deutlich.
Am Ende haben sich beide Angeber lächerlich gemacht.

Was wird aus der Schneelawine, aus dem Stein, am Ende?

_____

Was sagen die Ähren dem dicken Sack?

_____

4. Lies das Gedicht. Es passt zu den beiden vorhergehenden.

Warum? _____

Nadel und Schere

Die Nadel sagte:
„Ich
bin so schlank
wie ein Strich.

Ich allein
bin so spitz, so fein:
Durch die Maschen,
die engen,
kann ich mich zwängen,
ich bleibe nicht hängen.
Ich ganz allein
schlüpfe aus und ein
und schleppe den Faden
hinter mir drein.

Wie ein Wiesel
Schlüpf ich im Nu
ein und aus, aus und ein,
aber du ...

Aber du, Schere,
du dicke, schwere,
du viel zu große,
du nähst im Leben
keinen Knopf an eine Hose.
Du ...“

„Papperlapapp!“,
sagte die Schere.
Sie machte klapp.
Da war der Faden ab.

Josef Guggenmos

Zusatzaufgabe: Schreibe einen Text zum Thema „angeben“.
Oder: Schreibe eine eigene Angebergeschichte.

_____

_____

_____

_____

_____

_____

_____

_____

_____

Josef Guggenmos: Was denkt die Maus am Donnerstag? © 1998 Beltz & Gelberg in der Verlagsgruppe Beltz. Weinheim/Basel

TEXTE VERSTEHEN: ERZÄHLTEXTE

Textabschnitte benennen und verknüpfen

Wenn man einen Text liest, muss man auch die einzelnen Abschnitte miteinander in Verbindung bringen, man muss sie in Gedanken verknüpfen. Dabei kann es hilfreich sein, die einzelnen Abschnitte mit Stichworten oder einem kurzen Satz zu benennen.

Beispiel: **Der offene Kühlschrank**	*Stichworte/Satz zur Beschreibung*
Ein Mann suchte einmal in seinem Kühlschrank ein Himbeer-Joghurt, aber er fand keins. Enttäuscht ging er zur Küche hinaus und vergaß dabei, den Kühlschrank zu schließen. Sosehr der Kühlschrank auch kühlte, in seinem Innern wurde es immer wärmer, und nach einer Weile lief ein kleines Bächlein unten aus ihm heraus.	*Ein Mann vergisst, den Kühlschrank zu schließen. Der Kühlschrank wird warm.*
„Das ist ja nicht auszuhalten!", stöhnten die Haselnuss-Joghurts. „Ist das ein Kühlschrank oder ein Kachelofen?", giftelten die Schweinswürstchen. Wie soll man hier noch frisch bleiben?", ächzte ein Emmentaler Käse, der schon aus den Löchern tropfte.	*Die gekühlten Sachen jammern über die Wärme.*

1. Schreibe ein Stichwort oder einen kurzen Satz zu jedem Abschnitt.

„Mir reicht's", sagte ein Joghurt nature, „ich gehe!" „Wohin denn?", fragten die Würstchen. „In die Natur", sagte der Joghurt nature. „Ich komme mit!", rief ein Bio-Krachsalat. „Wir auch!", riefen die Haselnuss-Joghurts, die Schweinswürstchen, der Emmentaler Käse, die Butter und ...

_____

Die hüpften nun alle zum Kühlschrank hinaus und zogen, angeführt vom Joghurt nature, wie eine kleine, feuchte Karawane ins Wohnzimmer. Bald hatten sie die Topfpalme neben dem Sofa erreicht.

_____

„So!", rief das Joghurt nature, „im Schatten dieser Palme lassen wir es uns wohl sein!" Alle ließen sich nun auf dem Teppich am Fuß der Zimmerpalme nieder und genossen die Aussicht auf die Sofalehne, die Stuhlbeine, den Glastisch und den Fernsehapparat. Überall, wo sie saßen, gab es nasse Flecken.

_____

Aber es ging nicht lange, da sagte der Emmentaler Käse: „Mir ist so heiß." „Ja", sagten die Würstchen, „es ist hier überhaupt nicht kälter als im Kühlschrank", und den beiden Milchpackungen

rannen große Tropfen über ihre Aufschrift hinunter. _____

Franz Hohler/Nikolaus Heidelbach: Der große Zwerg und andere Geschichten. Carl Hanser Verlag München 2009

2. Lies den Text.

Die Geschichte vom grünen Fahrrad

Einmal wollte ein Mädchen sein Fahrrad anstreichen. Es hat grüne Farbe dazu genommen. Grün hat dem Mädchen gut gefallen.

Aber der große Bruder hat gesagt: „So ein grasgrünes Fahrrad habe ich noch nie gesehen. Du musst es rot anstreichen, dann wird es schön." Rot hat dem Mädchen auch gut gefallen. Also hat es rote Farbe geholt und das Fahrrad rot gestrichen.

Aber ein anderes Mädchen hat gesagt: „Rote Fahrräder haben doch alle! Warum streichst du es nicht blau an?" Das Mädchen hat sich das überlegt, und dann hat es sein Fahrrad blau gestrichen.

Aber der Nachbarsjunge hat gesagt: „Blau? Das ist doch so dunkel. Gelb ist viel lustiger!" Und das Mädchen hat auch gleich Gelb viel lustiger gefunden und gelbe Farbe geholt.

Aber eine Frau aus dem Haus hat gesagt: „Das ist ein scheußliches Gelb! Nimm himmelblaue Farbe, das finde ich schön." Und das Mädchen hat sein Fahrrad himmelblau gestrichen.

Aber da ist der große Bruder wieder gekommen. Er hat gerufen: „Du wolltest es doch rot streichen! Himmelblau, das ist eine blöde Farbe. Rot musst du nehmen, Rot!"

Da hat das Mädchen gelacht und wieder den grünen Farbtopf geholt und das Fahrrad grün angestrichen, grasgrün. Und es war ihm egal, was die anderen gesagt haben.

Lies den Text noch einmal und ordne die Stichwortsätze den Abschnitten richtig zu. Schreibe den richtigen Buchstaben in das Kästchen neben dem Abschnitt.

A Ein anderes Mädchen will Blau.

B Eine Frau aus dem Haus will Himmelblau.

C Ein Mädchen wollte sein Fahrrad grün anstreichen.

D Der Nachbarsjunge will Gelb.

E Das Mädchen entscheidet selbst und streicht sein Fahrrad grün.

F Der Bruder will Rot.

G Der große Bruder will wieder Rot.

Zusatzaufgabe: Schreibe einen ähnlichen Text zu einem Kleidungsstück oder zu Turnschuhen.

Ursula Wölfel: Achtundzwanzig Lachgeschichten. 1969 by Thienemann Verlag (Thienemann Verlag GmbH), Stuttgart/Wien. www.thienemann.de

3. Lies den Text und entscheide, wie jeder Abschnitt benannt werden kann.
Kreuze an.

Auszug aus „Die Abenteuer des Tom Sawyer" von Mark Twain

Zur Information:
Das Buch „Die Abenteuer des Tom Sawyer" wurde vor mehr als 100 Jahren von Mark Twain geschrieben. Tom Sawyer lebt im Süden von Nordamerika, am Fluss Mississippi. Er lebt bei seiner Tante Polly. Weil er nicht pünktlich nach Hause gekommen ist, muss er zur Strafe den Zaun streichen.

Tom erschien auf dem Gehsteig mit einem Eimer voll Farbe und einem langstieligen Pinsel. Er maß den Zaun mit einem Blick ab, und dann verließ ihn alle Freude, und eine tiefe Traurigkeit zog in seinem Herzen ein. Dreißig Meter Bretterzaun, drei Meter hoch. …

❑ Tom muss einen Zaun von zwei Metern Höhe streichen.
❑ Tom ist betrübt, weil er einen Bretterzaun anstreichen soll.
❑ Tom misst den Zaun mit einem Maßband ab.

Er dachte an die schönen Dinge, die er sich für diesen Tag vorgenommen hatte, und sein Kummer wuchs immer mehr. Bald würden die Jungen, die frei hatten, auf ihrem Weg zu abenteuerlichen Streifzügen vorbeikommen und sich über ihn lustig machen, dass er arbeiten musste – schon der Gedanke allein brannte wie Feuer. …

❑ Tom befürchtet, dass die anderen Jungen sich über ihn lustig machen.
❑ Tom denkt an seine abenteuerlichen Streifzüge.
❑ Tom hat sich verbrannt.

In diesem dunklen und hoffnungslosen Moment kam ihm plötzlich eine Eingebung. Eine große, herrliche Eingebung!
Er nahm den Pinsel wieder zur Hand und begann emsig zu arbeiten. Da tauchte Ben Rogers auf, ausgerechnet Ben Rogers, dessen Spott er am meisten gefürchtet hatte. Ben hüpfte und sprang daher, Beweis genug, dass sein Herz hell und seine Erwartungen hochgespannt waren. Er aß einen Apfel und stieß in kurzen Zwischenpausen einen langgezogenen Schrei aus, dem jedes Mal ein tiefes Ding-dong-dong, Ding-dong-dong folgte, denn er spielte einen Dampfer. …
Tom ließ sich beim Anstreichen nicht stören und beachtete den Dampfer gar nicht. Ben starrte ihn einen Augenblick lang an, dann sagte er: „Hi-hi! Du musst schuften, was?" Tom drehte sich plötzlich um und sagte: „Ach, du bist's, Ben! Ich hab dich gar nicht bemerkt."

❑ Tom guckt sofort zu Ben, als dieser kommt.
❑ Tom lässt sich beim Anstreichen nicht stören.
❑ Tom staunt über den Dampfer.

„Du, ich geh zum Schwimmen. Zum Schwimmen. Willst du nicht mit? Aber du willst lieber arbeiten, was?" Tom betrachtete den Jungen einen Augenblick erstaunt, dann sagte er: „Was nennst du Arbeit?" „Nun, ist das keine Arbeit?" Tom tauchte seinen Pinsel wieder ein und antwortete gleichgültig: „Kann sein, kann auch nicht sein. Ich weiß nur, dass es Tom Sawyer gefällt." „Komm, du willst mir doch nicht erzählen, dass du das gern tust?" Der Pinsel arbeitete ruhig weiter. „Gern? Ich wüsste nicht, warum ich es nicht gern tun sollte. Wann hat man schon mal die Gelegenheit, einen Zaun anzustreichen!" Das warf ein neues Licht auf die Sache. Ben hörte auf, an seinem Apfel zu kauen. Tom strich sorgfältig mit seinem Pinsel auf und ab, trat einen Schritt zurück, um die Wirkung zu prüfen, fügte da und dort noch einen kleinen Strich hinzu und musterte wiederum das Ganze. ...

❑ Tom gibt sich keine Mühe beim Anstreichen und schaut in die Luft.
❑ Tom sagt, dass ihm das Anstreichen gefällt, und macht es interessant.
❑ Tom sieht Ben beim Apfelkauen zu und denkt an das Schwimmen.

Ben folgte jeder Bewegung, die Sache interessierte ihn von Minute zu Minute mehr. Schließlich konnte er nicht mehr an sich halten und sagte: „Du, Tom, lass mich mal ein bisschen!" Tom überlegte, war schon nahe daran, einzuwilligen, aber dann änderte er seine Absicht: „Nein, nein, ich glaube kaum, dass das gehen würde, Ben. Weißt du, Tante Polly nimmt es sehr genau mit diesem Zaun, gerade hier an der Straße, verstehst du?" „Na, komm, Tom, lass mich nur mal probieren. Nur ein ganz kleines bisschen. Wenn ich du wäre, würde ich dich auch lassen." „Ich tät's gern, Ben, aber Tante Polly ... Wenn du nun streichst, und es passiert irgendwas –" „Ach, Unsinn, ich bin schon vorsichtig. Lass mich mal ran. Du kriegst meinen Apfelbutzen dafür." „Meinetwegen. Nein, Ben, lieber doch nicht. Ich hab Angst –" „Ich schenk dir den ganzen Apfel!"
Tom gab den Pinsel ab mit widerstrebendem Gesicht, aber vergnügtem Herzen. Und während der ehemalige Dampfer „Großer Missouri" arbeitete und in der Sonne schwitzte, setzte sich der Künstler in der Nähe auf eine Tonne im Schatten, ließ seine Beine baumeln, aß seinen Apfel mit vollem Mund und plante, noch mehr solcher Unschuldigen zur Strecke zu bringen. Es gab genug Auswahl; Jungen kamen alle naselang vorüber. Sie kamen, um zu spotten, und blieben, um anzustreichen. Als Ben ermüdete, hatte Tom als Nächsten schon Billy Fischer angestellt, und zwar gegen einen gut erhaltenen Drachen. Nach diesem kam Johnny Miller ... und so einer nach dem anderen, Stunde um Stunde. Und als der Nachmittag halb um war, schwelgte der noch am Morgen völlig arme Tom geradezu in Wohlhabenheit. ....
Dabei war er guter Dinge, tat keinen Handschlag, hatte Gesellschaft und der Zaun war schließlich dreifach gestrichen worden! ...

❑ Tom tut es leid, dass er nicht selbst anstreichen kann.
❑ Toms gute Idee bestand darin, seine Arbeit so attraktiv zu machen, dass die Jungen alle gern anstreichen wollten und nicht gemerkt haben, dass Tom sie ausgetrickst hat.

Auszug aus: Mark Twain: „Die Abenteuer des Tom Sawyer", Bertelsmann Lesering o. J., Seiten 19–22

Über die eigene Texterwartung nachdenken

Wenn du Vermutungen darüber anstellst, wie ein Text weitergeht, so kannst du deine eigene Fortsetzungsidee anschließend mit der echten Fortsetzung vergleichen.

Beispiel:
In dem Buch „Wo ist das Ende der Welt?" fragt ein Junge verschiedene Tiere und Menschen, wo das Ende der Welt ist:
... „Ich weiß, wo das Ende der Welt ist", blubberte die Krake, „denn ich bin der beste Taucher der Welt."

Was hast du bisher erfahren?
Die Krake lebt im Wasser und kann gut tauchen.
Wie könnte der Text weitergehen?
Vermutung: Die Krake hält die Küste des Meeres für das Ende der Welt oder die *tiefste Stelle* im Meer.

So geht es im Text tatsächlich weiter:
Dort unten im Wasser ist es so kalt und finster, dass man nichts mehr sehen kann. Und ganz *tief* im Dunkeln, da ist das Ende der Welt.

Vergleich der Ideen zur Fortsetzung mit dem tatsächlichen Text:
Die Vermutung „tief" hat sich bestätigt, denn die Krake hält die Tiefe des Meeres für das Ende der Welt.

1. Lies den folgenden weiteren Textauszug aus „Wo ist das Ende der Welt?"

In der Bibliothek der Stadt stehen unzählige Bücher in den Regalen. „Haben Sie all diese Bücher hier gelesen?", will Max vom Bibliothekar wissen. „Nicht alle. Aber ganz schön viele."
„Wissen Sie denn, wo das Ende der Welt ist?"
„Hm, da gibt es ganz unterschiedliche Ideen. Die Wikinger glaubten zum Beispiel, die Erde sei eine Scheibe und das Ende der Welt liege im Nebel. Sie hatten auf ihren Reisen große Angst, im Nebel über das Ende der Welt hinaus zu segeln und abzustürzen."
„Und was meinen Sie selber?"

a) Was hast du erfahren? _____

_____

b) Wie könnte der Text weitergehen? _____

_____

c) Vergleiche deine Erwartungen mit dem tatsächlichen Ende.
„Ich denke, das Ende der Welt ist da, wo keine Geschichten mehr erzählt werden."

_____

Auszug aus: Tobias und Nicole Aufmkolk: Wo ist das Ende der Welt? Dix Verlag Düren Bonn 2011

2. Lies den Text.

Oma Frida und das Seeungeheuer

Schoscho war ein seltsames trauriges Seeungeheuer, das in einer Kaffeetasse lebte. Und die Kaffeetasse stand samt Teller mit selbstgebackenem Schokoladenkuchen auf dem runden Wohnzimmertisch von Oma Frida.

Oma Frida war 93 Jahre alt. Sie saß fast die ganze Zeit an ihrem Wohnzimmertisch und schaute das Seeungeheuer an, das eines Tages in einer Regenpfütze gelegen und geheult und geheult hatte. Oma Frida war damals gerade durch den Regen spaziert. Als sie das Seeungeheuer sah, wusste sie sofort, dass es ein Seeungeheuer war, denn nur Seeungeheuer sehen so ungeheuerlich aus. Erstaunt war Oma Frida, dass das Seeungeheuer heulte und heulte, und die Regenpfütze sich mit Salzwasser füllte und füllte. Oma Frida wusste schon, dass Seeungeheuer Salzwassertränen weinen. Dass aber Salzwassertränen weinende Seeungeheuer in Regenpfützen liegen, war Oma Frida fremd. Und das in Buxelhagen, wo das Meer weiter entfernt ist als das Riesengebirge und wo es ja bekanntlich Riesen gibt und keine Seeungeheuer. So nahm Oma Frida das Seeungeheuer einfach mit zu sich. Da Oma Frida gern badete, kam als neue Seeungeheuerwohnung die Badewanne nicht infrage. Da Oma Frida gern abspülte, kam das Spülbecken als neue Seeungeheuerwohnung auch nicht infrage. Und so saß Oma Frida an ihrem runden Wohnzimmertisch. Und das Seeungeheuer saß heulend da und langsam bildete sich ein salziger Seeungeheuertränensee mitten auf dem Tisch. In großer Verzweiflung nahm Oma Frida das heulende Seeungeheuer und setzte es in die leere Kaffeetasse. Und was passierte?

a) Wie könnte die Geschichte weitergehen? Schreibe es auf.

_____

_____

_____

_____

b) So geht es im Originaltext weiter:

Das Seeungeheuer hörte sofort auf zu heulen und schlabberte den Rest Kaffee aus, der noch in der Kaffeetasse war. Es grunzte und fiepste glücklich vor sich hin. Oma Frida goss immer wieder Kaffee in die Tasse, gab Zucker und Dosenmilch dazu und sich selbst goss sie auch ein. So saßen die beiden friedlich Kaffee trinkend am runden Wohnzimmertisch.

Vergleiche deine Erwartungen mit dem tatsächlichen Ende.

_____

_____

Auszug aus: Thomas J. Hauck/Sabine Rixen: Oma Frida und das Seeungeheuer. Dix Verlag Düren Bonn 2011.

3. Lies den Textauszug.

Oma Frida ist am Ende mit Schoscho am Atlantik. Eine große Welle hat ihn weggespült und plötzlich steht ein eleganter französischer Fischer neben ihr.

Er schenkte ihr aus seiner Thermoskanne französischen Kaffee ein und sprach:
„Wenn ich Sie jetzt küssen soll, damit ich ein Prinz werde, müssen Sie es mir nur sagen!"
Oma Frida schaute ihn mit großen Augen an und nickte. Ja, sie wolle geküsst werden.
Ja, sie wolle, dass er ein Prinz werde. Ja, sie wolle Prinzessin Frida genannt werden.
Der Fischer beugte sich elegant zu ihr hinunter, seine Lippen näherten sich Oma Fridas Lippen, sein Oberlippenbart kitzelte ihre Nase, die Lippen kamen sich näher und näher, da schwappte eine riesige Atlantikwelle über die beiden …
Als die Welle zurückgeflossen war, schüttelte sich Oma Frida wie ein begossener Pudel und schaute sich nach ihrem zukünftigen Prinzen um.

a) Wie könnte es weitergehen? Schreibe es auf.

_____

_____

_____

_____

_____

b) So geht es im Originaltext weiter:

Da sah sie, dass in ihrer Kaffeetasse wieder Schoscho lag. Er schlabberte zufrieden das Meerwasser, zwinkerte Oma Frida zu und grunzte und fiepste für sie die französische Nationalhymne.

Vergleiche deine Erwartungen mit dem tatsächlichen Ende.

_____

_____

_____

_____

Auszug aus: Thomas J. Hauck/Sabine Rixen: Oma Frida und das Seeungeheuer. Dix Verlag Düren Bonn 2011.

4. Lies den Text.

Zackarina und die Dunkelheit

Erst war es Sommer, dann wurde es Herbst. Die Abende wurden dunkler und die Tage kürzer. Zackarina fand das schade. Den ganzen Sommer über war sie draußen gewesen und hatte gespielt, solange sie wollte. Nun musste sie, wenn die Sonne unterging, schnell nach Hause gehen, bevor es dunkel wurde.

Das konnte der Sandwolf nicht richtig verstehen. Er wohnte ja Tag und Nacht am Strand. Er mochte den Mondschein genauso wie den Sonnenschein und er glitzerte genauso wild in der Dunkelheit der Nacht wie im Licht des Tages.

„Aber warum denn?", fragte er eines Abends, als Zackarina plötzlich Tschüs sagte, obwohl sie gerade so viel Spaß hatten und fast eine Krabbe gefangen hätten.

„Warum tschüs?", fragte er. „Warum hast du es in der letzten Zeit so eilig, nach Hause zu kommen?"

Zackarina zeigte zur Sonne, die langsam im Meer unterging, abendrot und müde. „Es wird doch gleich dunkel", sagte sie.

„Ja, und?", fragte der Sandwolf. Er wedelte freudig mit dem Schwanz und wartete auf eine Antwort.

Zackarina seufzte. Manchmal fand sie, dass der Sandwolf ein bisschen dumm war. Wusste er denn nichts von der Dunkelheit? Wusste er nicht, dass sich darin alle Gespenster und alle Monster versteckten?

„Widerliche Monster", sagte Zackarina.

Der Sandwolf dachte gründlich nach. Er hatte alle möglichen Dunkelheiten gesehen. Die Dunkelheit der Nacht und die Dunkelheit des Waldes, die unter den dichtesten Fichten ruhte. Ihm war auch die Dunkelheit in den tiefsten Tiefen des Meeres und in den schauerlichsten Grotten der Berge begegnet. Er hatte sogar die große Dunkelheit gesehen, die über allem lag, bevor die Sterne geboren waren, und die war wirklich schwarz gewesen. Aber irgendwelche Gespenster und Monster hatte der Sandwolf nie in der Dunkelheit gesehen.

„Liebe Zackarina", sagte der Sandwolf ernst. „Kannst du mir ein Gespenst zeigen? Es muss ja kein besonderes sein, nur ein kleines gewöhnliches Monstergespenst oder so."

Zackarina bohrte mit dem Fuß im Sand herum. „Na ja, eigentlich gibt es gar keine Gespenster in der Dunkelheit", sagte sie. „Alles, was es normalerweise gibt, ist wie weggeblasen und dann denkt man sich Sachen aus." ...

Der Sandwolf nickte. Ja, das stimmte, die Dunkelheit war gut, um sich Sachen auszudenken und zu fantasieren.

„Aber man muss sich doch nichts Unheimliches ausdenken", sagte er. „Man kann doch die Gelegenheit nutzen und sich Wunderbares und Geheimnisvolles ausdenken."

Zackarina sah sich um. Oje, sie hatte so viel geredet, und nun hatte sie ganz vergessen, nach Hause zu gehen! Und jetzt war es schon dunkel.

Sie rückte näher an den Sandwolf heran. Sie versuchte an nichts Unheimliches zu denken. Stattdessen dachte sie an Zimtschnecken. Sie dachte an Geburtstage und an Weihnachten und an Küsse von Mama und Papa.

Die Dunkelheit wurde nicht weniger dunkel, aber sie wurde weich, wie Samt. Und nun merkte Zackarina, dass die Dunkelheit nicht nur pechschwarz war. Sie war unterschiedlich schwarz.

Die Bäume waren raschelschwarz, die Klippen steinschwarz und das Meer war plätscherschwarz.

„Die Dunkelheit ist ja heute ganz angenehm", sagte sie.

„Die Dunkelheit ist das, wozu du sie machst", sagte der Sandwolf und leuchtete schwach, wie ein Neumond.

„Wie meinst du das?", fragte Zackarina. „Wenn du vor der Dunkelheit Angst hast, dann ist sie gefährlich", sagte der Sandwolf. „Aber wenn du es wagst, die Dunkelheit zu mögen, dann mag die Dunkelheit dich auch."

a) Was hast du bisher erfahren?

_____

_____

_____

b) Wie könnte die Geschichte weitergehen?

_____

_____

_____

So geht der Originaltext weiter:

Da fühlte Zackarina, dass die Dunkelheit sie gerade sehr gerne mochte. Die Dunkelheit legte sich um sie, hüllte sie ein wie ein Mantel aus weichem, schwarzem Samt. Zackarina stand auf und ging nach Hause – allein – und dachte nur ein bisschen an Gespenster.
Bevor sie hineinging, blieb sie eine Weile stehen und schaute das Haus an.
In den Fenstern leuchtete es gemütlich gelb und drinnen in der Küche waren Mama und Papa.
Sie warten auf dich, dachte Zackarina und ging hinein.
„Hallo! Jetzt bin ich zu Hause!", rief sie und zog die Jacke aus.
„Hallo, Zackarina", sagte Mama. „Wo bist du denn so lange gewesen?"
Und Zackarina umarmte zuerst Mama und dann Papa, und dann sagte sie, wie es war.
„Ich war draußen", sagte sie. „In der Dunkelheit!"

c) Vergleiche deine Erwartungen mit dem tatsächlichen Ende.

_____

_____

_____

Zackarina und die Dunkelheit. Aus: Asa Lind: Zackarina und der Sandwolf. © Beltz & Gelberg in der Verlagsgruppe Beltz. Weinheim/Basel

Genau lesen und nachdenken: Fragen zu einem Text beantworten

Die Kleider des Herrn Zogg

Eines Morgens, als der Wecker läutete, stand Herr Zogg einfach nicht auf. Dabei hatte er ihn selbst gerichtet, auf 7 Uhr, wie immer, denn um 8 Uhr musste er im Büro sein. Es wurde viertel nach 7, Herr Zogg schlief weiter, es wurde halb 8, Herr Zogg schlief immer noch, es wurde viertel vor 8,
5 und Herr Zogg schnarchte sogar.
„Kameraden", sagte da die Hose zu den anderen Kleidern, die über dem Stuhl hingen, „wir müssen wohl." Da kroch die Unterhose in die Hose, Leibchen und Hemd stopften ihre Enden in die beiden hinein, die Krawatte schlang sich um den Hemdkragen, die Jacke schob sich über das Hemd, die Socken stellten sich in die Schuhe, und dann gingen sie alle die Treppe hinunter vors Haus, fuhren
10 im Bus zum Büro, in dem Herr Zogg arbeitete, und nahmen dort den Platz hinter seinem Pult ein. Immer, wenn jemand hineinschaute, wühlten sie in irgendeinem Stoß Papier, und als Herr Zogg gegen Mittag im Geschäft vorsprach und nur ein Badetuch um die Hüften gewickelt hatte, wollte man ihn nicht kennen und schickte ihn sofort wieder weg.
An diesem Tag war Zahltag, und sobald die Kleider das Geld bekommen hatten, beschlossen sie,
15 einmal richtig Ferien zu machen und verreisten noch am selben Tag nach Italien.
Herr Zogg aber musste sich eine andere Arbeit suchen. So wie er angezogen war, fand er nur eine Stelle als Bademeister und riss fortan Billetts ab, leerte Abfallkübel, rettete Ertrinkende und fühlte sich so weit ganz gut, nur in der Garderobe arbeitete er nicht so gern, denn beim Anblick der vielen aufgehängten Kleider war es ihm immer ein bisschen unheimlich.

1. Manche Fragen kann man direkt aus dem Text beantworten.
Wenn du genau liest, kannst du die Antwort schnell finden.

> **Beispiel:**
> Wann musste Herr Zogg im Büro sein?
> ☒ um 8 Uhr
> ❏ um viertel vor 8
> ❏ um sieben Uhr
> Im Text steht in Zeile 3: „... denn um 8 Uhr musste er im Büro sein."

Kreuze die richtige Antwort an.
Was sagte die Hose zu den anderen Kleidern?
❏ Freunde
❏ Kumpels
❏ Kameraden   Zeile: _____

Franz Hohler/Nikolaus Heidelbach: Der große Zwerg und andere Geschichten.
Carl Hanser Verlag München 2009.

2. Bei manchen Fragen musst du in Gedanken verbinden, was im Text steht.

> **Beispiel:**
> Wann wollte Herr Zogg aufstehen?
> Es steht nicht wörtlich im Text, wann Herr Zogg aufstehen wollte. Aber es steht da, er hatte ihn – den Wecker – „selbst gerichtet", das heißt, gestellt, und zwar auf 7 Uhr. Er wollte also um 7 Uhr aufstehen.

Kreuze die richtige Antwort an.
Warum wollte man Herrn Zogg im Geschäft nicht kennen?
❏ Herr Zogg war angezogen wie immer.
❏ Herr Zogg war nicht richtig angezogen.
❏ Herr Zogg war unfreundlich.
❏ Herr Zogg wollte zum Chef.   Zeile: _____

3. Manchmal musst du aufpassen und beachten, wer gemeint ist.

> **Beispiel:**
> Zeile 9: ... und dann gingen sie alle die Treppe hinunter vors Haus ...
> Wer ist mit „sie" gemeint?
> In den Zeilen davor ist die Rede von Hose, Hemd, Krawatte und so weiter. Diese Kleidungsstücke sind also gemeint mit „sie".

Wer ist hier mit „sie" gemeint?
Immer, wenn jemand hineinschaute, wühlten sie in irgendeinem Stoß Papier, ...
❏ die Büroleute
❏ andere Angestellte
❏ die übereinandergezogenen Kleidungsstücke
❏ eine Frau

4. Manchmal musst du dir eine Situation vorstellen und nachdenken, um eine Frage richtig beantworten zu können.

> **Beispiel:**
> Wie schafften es die Kleidungsstücke, im Büro nicht aufzufallen?
> Zeile 11: Sie bückten sich und wühlten in einem Stoß Papier, sodass niemand sah, dass gar kein Körper in den Kleidungsstücken steckte.

Warum konnte Herr Zogg nur als Bademeister arbeiten?

_____

Zeile: _____

5. Manchmal musst du dir den Zusammenhang des Textes vorstellen, um eine Reihenfolge richtig zu bestimmen. Was passiert zuerst, was danach, was am Schluss?

> **Beispiel:**
> 1. Herr Zogg steht beim Weckerklingeln nicht auf.
> 2. Die Kleidungsstücke ziehen sich selbst übereinander.
> 3. Die Kleidungsstücke tun im Büro so, als wären sie Herr Zogg.

Bestimme die Reihenfolge.
_____ Die Kleidungsstücke reisen nach Italien.
_____ Herr Zogg arbeitet als Bademeister.
_____ Im Büro wollte man Herrn Zogg nicht kennen.

6. Um die Kernaussage eines Textes zu erkennen, musst du über den ganzen Text nachdenken, vor allem aber über das Ende und die Überschrift.

> **Beispiel:**
> Am Ende arbeitete Herr Zogg nicht gern in der Garderobe, weil es ihm beim Anblick der vielen Kleidungsstücke unheimlich wurde. Was war der Grund? Seine Kleidungsstücke hatten sich selbstständig gemacht, waren ins Büro gegangen und hatten sogar sein Geld kassiert.

Jetzt kannst du sicherlich die Frage nach der Absicht des Autors beantworten. Kreuze an.
❑ Der Autor hat eine lustige Geschichte darüber geschrieben, was passieren kann, wenn man nicht pünktlich aufsteht.
❑ Der Autor hat eine interessante Geschichte über Kleidungsstücke geschrieben.
❑ Der Autor geht gern ins Schwimmbad und hat darüber geschrieben.
❑ Der Autor kennt einen Bademeister und wollte über ihn eine Geschichte schreiben.

7. Wenn du deine Meinung zu einem Text formulieren willst, musst du entscheiden, ob dir der Text gefällt oder nicht. Diese Entscheidung musst du dann begründen.

> **Beispiel:**
> Ich finde diesen Text lustig, weil ich die Idee witzig finde, dass sich Kleidungsstücke selbstständig machen.

Schreibe deine Meinung:
Ich finde den Text spannend, weil _____

_____

_____

_____

_____

_____

Erzähltext

Lies den Text und beantworte die nachfolgenden Fragen.

Made in Hongkong

„Made in Hongkong" – das habt ihr sicher schon auf einem eurer Spielzeuge gelesen. Aber wisst ihr auch, was das heißt? Also, ich will es euch erklären.

Was Maden sind, wisst ihr, so nennt man die Käfer, wenn sie noch so klein sind, dass sie wie win-
5 zige Würmer aussehen.

In einem Garten lebte einmal eine ganze Schar solcher Maden. Eine davon war besonders klein und wurde von den anderen ständig ausgelacht. „Du bringst es nie zu etwas", sagten sie immer wieder, bis die kleine Made so wütend wurde, dass sie sagte: „Ich bringe es weiter als ihr alle. Ich komme bis nach Hongkong!", und schnell davonkroch.

10 „Viele Grüße!", riefen ihr die anderen nach, „und lass es uns wissen, wenn du in Hongkong angekommen bist!"

Die Made kroch zum Flughafen und konnte sich dort im Spalt einer großen Kiste verstecken.
Der Zufall wollte es, dass diese Kiste nach Hongkong geflogen wurde, aber das war noch nicht alles. Die Kiste war nämlich voll Gold, und deshalb wurde sie in Hongkong auf dem Flughafen von
15 Räubern gestohlen, die damit davonfuhren und sie in einem verlassenen Keller versteckten. Nachher wollten sie eine zweite solche Kiste rauben, wurden aber dabei von der Polizei erschossen.

Jetzt wusste niemand mehr, wo die Kiste mit dem Gold war, außer unserer Made. Die überlegte sich, wie sie ihren Maden zu Hause mitteilen konnte, dass sie in Hongkong angekommen war.

20 Dabei kam ihr in den Sinn, dass im Garten, wo sie lebten, ein großer Sandhaufen war, in dem viele Kinder spielten. Deshalb kaufte sie mit ihrem Gold alle Spielzeugfabriken in ganz Hongkong und befahl sofort, dass man auf jedes Spielzeug, das nach Europa verkauft wurde, die Nachricht auf-
drucken musste: „Made in Hongkong".

Ich kann euch sagen, die Maden machten große Augen, als die Kinder im Sandhaufen laut vorla-
25 sen, was auf ihren neuen Spielzeugen stand. „Habt ihr das gehört?", flüsterten die Maden einan-
der zu, „die ist tatsächlich angekommen."

Viele von ihnen versuchten daraufhin auch, die Reise zu machen, aber keiner gelang es. Die eine flog mit einer Pendeluhr nach Amsterdam, die andere versteckte sich in einem Sandwich und wurde unterwegs aufgegessen, und die meisten kamen nicht einmal bis zum Flughafen, weil sie ihn
30 entweder nicht fanden oder vorher von einem Vogel aufgepickt wurden.

Klein sein allein genügt eben nicht, es gehört auch noch etwas Glück dazu.

Franz Hohler/Nikolaus Heidelbach: Der große Zwerg und andere Geschichten. Carl Hanser Verlag München 2009.

TEXTE VERSTEHEN: ERZÄHLTEXTE

ERFOLGSÜBERPRÜFUNG

Name: _____ Klasse: _____ Datum: _____

1. Wo lebte die kleine Made? _____

    A. Auf der Straße
    B. Im Wald
    C. In einem Garten

2. Wer ist mit „sie" in Zeile 7 gemeint? _____

3. Warum wurde die kleine Made wütend?

_____

4. Wie kam die kleine Made in das Flugzeug? _____

    A. Die kleine Made versteckte sich auf dem Boden eines Flugzeuges.
    B. Die kleine Made versteckte sich im Spalt einer großen Kiste.
    C. Die kleine Made kroch unter einen Sitz.
    D. Die kleine Made kroch in ein Sandwich.

5. Was war in der großen Kiste? _____

    A. Silber
    B. Wertvolle Münzen
    C. Gold
    D. Edelsteine

6. Warum wusste niemand mehr, wo die Kiste war? _____

    A. Die Räuber hatten es vergessen.
    B. Die Räuber waren geflohen.
    C. Die Räuber hatten es keinem erzählt.
    D. Die Räuber wurden von der Polizei erschossen.

7. Warum kaufte die Made alle Spielzeugfabriken? _____

    A. Die Made fand Spielzeug schön.
    B. Spielzeug wurde nach Europa verkauft.
    C. Spielzeug war interessanter als Autos.
    D. Die Made wollte mal Fabrikbesitzerin sein.

8. Warum benutzt die Made für ihre Nachricht Spielzeug? In welcher Zeile steht dies?

_____

_____

TEXTE VERSTEHEN: ERZÄHLTEXTE

Name: _____ Klasse: _____ Datum: _____

9. Bringe die Sätze in die richtige Reihenfolge (wie es in der Geschichte passiert ist).
Der Anfang ist schon mit 1. markiert.

_____ Die kleine Made will nach Hongkong.

_____ Die Kinder im Sandkasten lesen die Nachricht aus Hongkong.

_____ Keiner anderen Made gelingt die Reise.

_1._ Eine Made war besonders klein.

_____ Die kleine Made verkriecht sich in einer Kiste und kommt so nach Hongkong.

_____ Die anderen Maden wollen auch nach Hongkong.

10. Wie erfahren die anderen Maden, dass die kleine Made in Hongkong angekommen ist?

_____

_____

_____

11. Warum schreibt der Autor am Schluss „Klein sein genügt nicht, es gehört auch etwas Glück dazu"? _____

A. Weil die Reise der Made ohne Glück nicht geklappt hätte.

B. Weil alle Menschen Glück brauchen können.

C. Weil Pech nicht so schön ist.

D. Weil man immer an alles denken muss.

12. Was passt zu diesem Text? _____

A. Der Autor wollte mal über eine Made schreiben.

B. Der Autor wollte eine lustige Geschichte schreiben.

C. Der Autor wollte mal eine Geschichte schreiben, die in Hongkong spielt.

D. Der Autor wollte über ein Flugzeugabenteuer schreiben.

13. Die englische Bezeichnung „Made in ..." bedeutet „Hergestellt in ..."
Wie ist die Überschrift hier gemeint? Worin besteht der Witz der Geschichte?

_____

_____

_____

14. Deine Meinung zu diesem Text:

_____

_____

1. Wo lebte die kleine Made? C. In einem Garten

2. Wer ist mit „sie" in Zeile 7 gemeint? Die anderen Maden

3. Warum wurde die kleine Made wütend? Zum Beispiel: Weil sie gehänselt wurde, weil sie beschimpft wurde. Weil die anderen sagten: „Du bringst es nie zu etwas." Weil die anderen ihr nichts zugetraut haben.

4. Wie kam die kleine Made in das Flugzeug?
   B. Die kleine Made versteckte sich im Spalt einer großen Kiste.

5. Was war in der großen Kiste? C. Gold

6. Warum wusste niemand mehr, wo die Kiste war?
   D. Die Räuber wurden von der Polizei erschossen.

7. Warum kaufte die Made alle Spielzeugfabriken?
   B. Das Spielzeug wurde nach Europa verkauft.

8. Warum benutzt die Made für ihre Nachricht Spielzeug? In welcher Zeile steht dies?
   Weil die Kinder mit Spielzeug im Sandkasten gespielt haben. Zeilen 20/21

9. Bringe die Sätze in die richtige Reihenfolge.
   2. Die kleine Made will nach Hongkong.
   4. Die Kinder im Sandkasten lesen die Nachricht aus Hongkong.
   6. Keiner anderen Made gelingt die Reise.
   1. Eine Made war besonders klein.
   3. Die kleine Made verkriecht sich in einer Kiste und kommt so nach Hongkong.
   5. Die anderen Maden wollen auch nach Hongkong.

10. Wie erfahren die anderen Maden, dass die kleine Made in Hongkong angekommen ist?
    Die Kinder lesen es laut vor von ihrem Spielzeug. Zeilen 24/25

11. Warum schreibt der Autor am Schluss „Klein sein genügt nicht, es gehört auch etwas Glück dazu"?
    A. Weil die Reise der Made ohne Glück nicht geklappt hätte.

12. Was passt zu diesem Text?
    B. Der Autor wollte eine lustige Geschichte schreiben.

13. Die englische Bezeichnung „Made in ..." bedeutet „Hergestellt in ..." Wie ist die Überschrift hier gemeint? Worin besteht der Witz der Geschichte?
    Der Witz in der Geschichte ist, dass der Autor aus „Made in ..." echte Maden gemacht hat. Weil Made gar nichts mit Maden zu tun hat. Der Witz besteht darin, dass Made eigentlich hergestellt heißt.

14. Deine Meinung zu diesem Text:
    Zum Beispiel: Mir gefällt der Text, weil Made gar nichts mit Maden zu tun hat und er lustig ist und von Maden handelt. Ich finde den Text gut, weil es so lustig ist und so spannend.

LÖSUNGEN

Kopiervorlagen Sachtexte

S. 6 anpassen: Manchmal wechselt das Chamäleon die Farbe, um sich seiner Umgebung **anzupassen.**

S. 7 wechseln: die Kleidung wechseln, den Namen wechseln, Geld wechseln, **„seine Farbe wechseln"**

S. 7 Bedeutungen von *stehen:* verstehen, **entstehen,** aufstehen, anstehen, umstehen, herumstehen, …
Zusatzaufgabe:
Schimpfwörter mit Tiernamen entstanden auf dem Lande: „Schwein, Sau …"
Ein Wort mit zwei Bedeutungen: **sauer:** Zitrone; Milch; jemand ist sauer, ärgert sich.

S. 8 B. herausfinden

S. 9 Was ist mit *aufgespürt* gemeint? Gefunden, entdeckt.
Was ist mit *gleiten* gemeint? Sanft durch die Luft fliegen, segeln.
Was ist mit *gestoßen* gemeint? Entdeckt, gefunden.

S. 11 Im Zoo
Wenn wir … beobachten wir … Beim Beobachten … So können sie … Als Futter …
Mückenschutz bei Affen
Im Regenwald … Kapuzineraffen. Sie fühlen sich genervt … Moskitos … Die Kapuzineraffen …. Trick entdeckt … Der Trick … Tausendfüßler … Der Tausendfüßler … Insektengift …
Das Gift … reiben Fell ein. Dann … Und dem Tausendfüßler … am Ende …

S. 13 … ein paar Wochen **später.** … wenn es **erwachsen** wird.

S. 14 … sein ganzes Gesicht **ablecken** kann.
… ein weißes Lamm geboren. **Niemand** weiß, warum.
… dass die Erde **warm** wird …

S. 15 Gemeinsamkeit: In beiden ist von Katzen die Rede. Unterschied: Der erste ist ein Sachtext (Information), der zweite ein Erzähltext (ein Erlebnis).

S. 16 Gemeinsamkeit: **Thema Wasser.** Unterschied: Der kleinere Teil des Wassers auf der Erde ist Trinkwasser, das Süßwasser.
Im zweiten Text wird der Begriff Süßwasser erklärt. Beide Texte sind Sachtexte. Im ersten Text wird von der Menge des Süßwassers auf der Erde berichtet, im zweiten Text der Begriff Süßwasser erklärt. Damit ergänzen sich die Texte.
Im „laufenden" Bus zur Schule
Hier wird ein neues Schulwegprojekt beschrieben. Im Gegensatz zu einem eigenen Erzähltext geht es nicht um ein Erlebnis, sondern um eine Information.

S. 17/18
C. Wind ist bewegte Luft. B. Die Windgeschwindigkeit kann man messen. A. Wirbelstürme werden unterschiedlich benannt. B. Tropenstürme bekommen abwechselnd männliche und weibliche Vornamen. B. Ein Hurrikan hat eine windstille Mitte.

S. 19 1a) Nicht die Sonne wandert im Laufe des Tages, sondern die Erde.
1b) … könnte man meinen, dass die Sonne wandert.

S. 20 Die Erde ist rund
2a) Vor 500 Jahren wurde bewiesen, dass die Erde keine Scheibe ist.
2b) … haben bemerkt, dass sie nirgendwo runtergefallen sind.
Die Sonne
3a) Die Sonne gibt uns Licht und Wärme.
3b) … sind wir auch mal weg von der Sonne und dann ist Nacht.

S. 21 1. B., 2. C.

S. 22 3. D., C., 4. In einigen Wäldern der Eifel, Zeilen 10/11

Kopiervorlagen Erzähltexte

S.31 Bedeutungen von *fallen:* jemandem gefallen, abfallen, wegfallen, ausfallen, ...
Im Text geht es um *ausfallen* von Zähnen (nicht von einer Veranstaltung). Der Autor meint, dass Zähneputzen wichtig ist, und hat eine lustige Geschichte erfunden, warum die Frösche keine Zähne haben. /Zeile 21

S.32 Bedeutung von *piepen:* Telefon/Handy kann piepen, Vögel können piepen, jemand spricht piepsig, das ist leise und hoch, .../Zeile 17
„Bei euch piept es wohl": *Piepen* bedeutet in diesem Text, dass die beiden Nashornvögel spinnen, das sie Blödsinn reden.

S.33 stöhnte verzweifelt

S.34 *Groll* bedeutet Ärger. *Giggeln* bedeutet so viel wie (gackernd) lachen.
Katiti hat die Schimpfwörter gewählt, weil sie etwas mit Vögeln zu tun haben.

S.36 Bulli ... Boss einer Mäusebande. Einer Gang ... Sie waren ... So kam es ... Das verstehe ich ... Ist doch klar ...
Ich kann es nicht fassen ... Warum ... fürchten ... Na, weil ... Oh, ... eine Maus? Ich bin ...

S.37 Die ungleichen Regenwürmer
Tief unter einem Sauerampferfeld lebten einmal **zwei** Regenwürmer und ernährten sich von Sauerampferwurzeln.
Eines Tages sagte **der erste** Regenwurm: „Wohlan, ich bin es satt, *hier unten* zu leben, ich will eine Reise machen und die *Welt* kennenlernen." **Er** packte sein Köfferchen und bohrte sich nach oben, und als er sah, wie die *Sonne* schien und der *Wind* über das Sauerampferfeld strich, wurde es ihm leicht ums Herz, und er schlängelte sich fröhlich zwischen den Stängeln durch. Doch **er** war kaum drei Fuß weit gekommen, **da** entdeckte ihn eine Amsel und *fraß ihn* auf. **Der zweite** Regenwurm hingegen **blieb** immer in seinem Loch unter dem Boden, fraß jeden Tag seine Sauerampferwurzeln und blieb die längste Zeit *am Leben.*
Aber sagt mir selbst – ist das *ein Leben?*

S.38 1. Freundschaft, 2. Schlusslicht

S.39 3. aussehen, 4. Gras, Gras. Zusatzaufgabe: Sie beschreibt das Gefühl und den Duft. 5. Ostereiern

S.40 6. Elefant

S.41 7. Mango

S.43 1. A. (Sachtext, Gedicht), C. Vogeleltern ...
Im Sachtext wird informiert über den Nestbau und die Fütterung der Brut durch die Eltern.
Im Gedicht werden die Spatzeneltern mit menschlichen Eltern verglichen, die gut für ihre Kinder sorgen, vor denen man also große Achtung haben muss.

S.44 Gemeinsamkeiten: Beide Texte sind Gedichte. Der Inhalt: Der Kuckuck legt sein Ei in ein fremdes Nest.
Unterschiede: Im ersten Gedicht wird kurz und knapp das heimliche Eiablegen betont.
Im zweiten wird humorvoll erklärt, warum der Kuckuck kein eigenes Nest baut.

S.45 **3a)** Der Stein gibt mit seiner Größe und Wirkung an, der Sack damit, dass er die Ähren zusammenhält.
3b) Aus der Schneelawine wird wieder der kleine Stein. Die Ähren sagen dem Sack, dass er ohne sie gar nicht stehen könnte und schlapp daläge.

S.46 Die Nadel gibt auch an und die Schere beendet die Angeberei.

S.48 Grün – Rot – Blau – Gelb – Himmelblau – Rot – Grün.

S.49 Tom ist betrübt ... / Tom befürchtet ... / Tom lässt sich ...

S.50 Tom sagt ... / Toms gute Idee ...

S.51 **1a)** die Wikinger dachten, die Erde sei eine Scheibe. **1b)** Das Ende der Welt ist am Ende der Bücherregale.

S.52 **2a)** Das Seeungeheuer fühlte sich wohl in der Kaffeetasse.

S.53 **3a)** Der Prinz war weg.

S.55 **4a)** Zackarina hat Angst vor der die Dunkelheit. **4b)** Der Sandwolf macht ihr Mut, redet ihr gut zu.

S.56 Kameraden, Zeile 6.

S.57 ... nicht richtig angezogen/ ... die ... Kleidungsstücke/

S.58 ... nicht kennen ... Italienreise ... Bademeister ... lustige Geschichte